COLLEGE STUDENT MENTAL HEALTH AND
PSYCHOLOGICAL CRISIS INTERVENTION

大学生心理健康与心理危机干预

马靖松　著

ZHEJIANG UNIVERSITY PRESS
浙江大学出版社
·杭州·

图书在版编目（CIP）数据

大学生心理健康与心理危机干预 / 马靖松著.
杭州 : 浙江大学出版社, 2025. 5. -- ISBN 978-7-308
-26169-2

Ⅰ. G444

中国国家版本馆CIP数据核字第2025WZ2704号

大学生心理健康与心理危机干预
DAXUESHENG XINLI JIANKANG YU XINLI WEIJI GANYU

马靖松 著

策划编辑　李　晨
责任编辑　李　晨
责任校对　高士吟
封面设计　周　灵
出版发行　浙江大学出版社
　　　　　（杭州市天目山路148号　邮政编码310007）
　　　　　（网址：http://www.zjupress.com）
排　　版　杭州林智广告有限公司
印　　刷　杭州捷派印务有限公司
开　　本　787mm×1092mm　1/16
印　　张　7.5
字　　数　152千
版 印 次　2025年5月第1版　2025年5月第1次印刷
书　　号　ISBN 978-7-308-26169-2
定　　价　30.00元

　　大学生是国家未来发展的中坚力量，他们的心理健康状况直接关系到社会的进步和民族的复兴。当代大学生受学业、人际关系、择业就业等多重压力影响，易出现情绪波动（如焦虑、抑郁）、行为异常（社交回避、自伤倾向）及认知偏差等心理行为问题，亟须采取科学、系统的应对策略。《大学生心理健康与心理危机干预》立足于当代大学生群体特征，倡导"早期识别潜在风险、动态评估严重程度、及时启动分级介入"的干预机制，系统构建了大学生心理健康维护与危机干预的理论框架与实践路径，对于促进大学生身心协调发展具有重要意义。

　　从学术角度看，本书整合了心理健康、危机干预、预警与预防教育等领域的最新研究成果，深入剖析了大学生心理问题的独特性和复杂性，填补了理论与实践结合的空白，为后续研究提供了宝贵参考。从实践角度看，本书提出的干预模式、预警系统及预防教育方案，具有较强的操作性，能够为高校心理健康教育与危机管理提供科学依据，推动相关工作的规范化与专业化。从社会角度看，通过构建多层次的心理健康支持体系，本书有助于降低心理危机的发生率，提升大学生的心理韧性与社会适应能力，为营造健康、和谐的社会环境贡献力量。从教育角度看，本书强调生命教育、人格培育及人际关系教育的重要性，有助于培养大学生的积极心理品质，增强其面对人生挑战的信心与能力。

　　本书共包含五章，内容涵盖心理健康理论、心理危机干预、预警机制及预防教育，结构清晰、层次分明，理论与实践相辅相成。第一章从心理健康的概念、标准及其意义入手，系统梳理心理健康的理论框架，并结合大学生的心理特点，深入分析心理问题的成因及应对策略，为后续章节奠定理论基础。第二章聚焦心理危机的概念、类型、阶段及识别方法，全面梳理心理危机干预的模式、体系、原则与技术，为大学生心理危机干预提供理论支撑，特别强调干预的科学性与系统性。第三章结合大学生心理危机的具体类型，提出以人为本、快速反应及科学管理的干预原则，构建了自我干预、朋辈干预及危机后干预等多种模式，并倡导"四位一体"干预体系，强调个体、学校、家庭与社会的协同作用。第四章探讨心理危机预警的意义、对象及原则，提出在个体、学校、家庭、社会四个层面构建预警系统的具体路径，力求通过科学预警将心理危机化解于萌芽状态。第五章围绕生命教育、人格培育及人际关系教育三大主题，系统分析其概念、原则、内容及实施方法，通过主题教育的普及与深化，增强大学生的心理韧性与自我管理能力，从根本上预防心理危机的发生。

《大学生心理健康与心理危机干预》是一部兼具理论深度与实践价值的学术著作，旨在为大学生心理健康教育与危机管理提供科学指引。无论是高校心理健康教育工作者、心理咨询师，还是大学生及其家长、社会工作者，都能从书中获得启发与指导。期望本书能为提升大学生心理健康水平、构建和谐校园与社会贡献一份力量，同时为相关领域的学术研究与实践探索开辟新的道路。

第一章　心理健康与大学生心理健康　　　　　　　　1

　　第一节　心理健康概述　　　　　　　　　　　　1

　　第二节　大学生心理问题的成因和对策　　　　　3

第二章　心理危机与干预理论　　　　　　　　　　13

　　第一节　心理危机概述　　　　　　　　　　　13

　　第二节　心理危机干预　　　　　　　　　　　19

第三章　大学生心理危机干预　　　　　　　　　　27

　　第一节　大学生心理危机的类型　　　　　　　27

　　第二节　大学生心理危机干预原则　　　　　　29

　　第三节　大学生心理危机干预模式　　　　　　30

　　第四节　"四位一体"干预体系的构建　　　　　32

第四章　大学生心理危机预警　　　　　　　　　　36

　　第一节　心理危机预警　　　　　　　　　　　36

　　第二节　大学生心理危机预警系统的构建　　　40

第五章　大学生心理危机预防主题教育　　　　　　44

　　第一节　生命教育　　　　　　　　　　　　　44

　　第二节　人格培育　　　　　　　　　　　　　59

　　第三节　人际关系教育　　　　　　　　　　　79

参考文献 93

附录 常见心理测评量表 99

附录一：症状自评量表（SCL-90） 99

附录二：抑郁自评量表（SDS） 104

附录三：焦虑自评量表（SAS） 106

附录四：艾森克人格问卷（EPQ）（成人版） 108

附录五：大五人格量表（NEO-PI-R）（部分项目示例） 113

第一章　心理健康与大学生心理健康

当今社会，随着教育水平的提高和社会竞争的加剧，大学生心理健康问题日益受到关注。大学阶段是青少年从家庭环境过渡到独立生活的关键时期，这个阶段的心理发展和健康状况对个体的成长和未来的影响至关重要。因此，理解和关注大学生心理健康问题，采取有效的干预措施，对于促进他们的全面发展和社会适应具有重要意义。

第一节　心理健康概述

一、心理健康的概念

心理健康是一个涵盖广泛而复杂的概念，它不仅关乎个体的情感状态和认知功能，还涉及社会功能、人际关系以及整体生活质量等多个方面。目前，对于"心理健康"的定义并没有一个统一的标准，学术界、机构可能会有不同的理解和阐释。

世界卫生组织（WHO）提供了一个广泛被接受的定义，即心理健康是指"个体在心理、情感和社会方面的良好状态，而非仅仅是没有疾病或残疾"。这一定义强调了心理健康的积极性和多维性，不仅指出心理健康与心理疾病之间的区别，更关注了个体积极的情感体验和自我认知、有效应对压力的能力以及良好的社会适应能力。

二、心理健康的标准

心理健康的标准深刻而广泛地体现在"三个不可或缺的统一"之中。首先，心理与环境的统一。这一原则强调了主观世界与客观现实的和谐共生，即个体的认知、情感与外部环境之间应当保持高度的一致性。这种一致性不仅是心理健康的基础，也是个体适应社会、应对挑战的关键所在。一个心理健康的人，能够准确地感知并理解外部环境的变化，同时调整自己的心理状态，以达到内外和谐、主客观统一的境界。其次，心理与行为的统一是心理健康的又一重要标志。这意味着个体的思想、情感与行为之间应当相互协调、一致。一个心理健康的个体,其行为往往是受意识支配的,能够清晰地认识到自己的目标和动机,并采取相应的行动去实现它们。同时,这种思想与行为的统一也体现在个体的自我控制能力上,他们能够有效地控制自己的情绪和冲动,以符合社会规范和道德标准的方式行事。最后,人格的稳定统一是心理健康的基石。人格是指一个人独特的心理特征和行为模式,它具有一定的稳定性和连续性。一个心理健康的个体,其人格特质是相对稳定的,不会轻易因受到外界因素的影响而发生改变。这种稳定的人格特质为个体提供了强大的心理支撑和动力源泉,使他们能够在面对各种挑战和困难时保持坚定的信念和积极的态度。

心理健康的标准主要包含以下几个方面:第一,自我认知和自我接受。自我认知和自我接受反映了个体对自己的理解和接受程度。心理健康的个体通常能够客观、积极地认识和理解自己的优点和缺点,能够在日常生活中保持相对的自信和自尊。他们对自己的身份认同明确,能够以积极的态度面对自己的生活和挑战。第二,情绪情感状态。心理健康良好的个体通常能够体验到积极的情感,如喜悦、爱和希望,能够有效地处理负面情绪,如焦虑、抑郁和愤怒等。他们的情绪表达和情感调节能力较强,能够在情绪波动中保持相对的稳定性和积极性。第三,应对压力的能力。应对压力的能力是心理健康的重要指标之一。心理健康的个体通常具备良好的应对压力的能力,能够有效地应对各种生活压力和挑战。他们可能采取积极的情绪调节策略,如寻求社会支持、运动放松等,以应对日常生活和工作中的压力。第四,社会功能和人际关系。社会功能和人际关系反映了个体在社会环境中的适应能力和人际交往的质量。心理健康的个体通常能够建立和维护良好的人际关系,与他人之间的互动积极、融洽。他们可能在工作和社交中表现出较高的合作性、责任感和团队精神,能够有效地参与社会活动并做出积极的贡献。第五,生活质量。心理健康良好的个体通常能够体验到较高质量的生活,包括物质生活条件的满足、个人发展的实现和社会参与的满意度。他们可能对自己的生活充满热情和动力,能够充分利用资源和机会,追求个人和职业目标。

三、心理健康的意义

心理健康在个体层面和社会层面都具有深远的意义和重要性。关注和改善心理健康,不仅能够提升个体的幸福感和生活质量,还能够促进社会的稳定和经济发展。

对于个体而言,第一,良好的心理健康意味着能够体验到更高的幸福感和生活满意度。心理健康的个体通常能够积极应对生活中的挑战和压力,享受到积极的情感体验。第二,心理健康的个体通常具备良好的心理弹性,能够有效地处理情绪波动,保持情绪稳定,积极应对生活中的变化和挑战。第三,心理健康不仅关乎情感和情绪方面的状态，还涉及认知能力、创造力和个人成就的发展。良好的心理健康有助于个体充分发挥潜能，更加客观和积极地认识和理解自己的优缺点，实现自我目标和职业生涯的成功。第四，心理健康的个体通常能够建立和维护良好的人际关系，与他人之间的互动更加积极和愉快。这种能力不仅增强了个体在社会中的融入感，还促进了社会支持系统的形成和发展。

从社会角度来看，心理健康的个体往往能够更好地融入社会，为社会的稳定和发展做出贡献。一方面，个体的心理健康状况直接影响到整个社会的心理氛围和社会互动的质量。较高水平的心理健康能够减少社会冲突和犯罪率，促进社会的和谐发展。另一方面，心理健康良好的个体通常更具创造力和工作效率，能够更好地投入到工作和生产活动中。这不仅有助于个体的职业发展，还能够为国家和社会的经济发展做出积极的贡献。此外，心理健康问题是导致医疗和社会资源消耗的重要原因之一。良好的心理健康水平，可以减少与心理健康相关的医疗支出和社会福利开支，从而优化社会资源的分配和利用。

第二节　大学生心理问题的成因和对策

一、大学生的心理特点

（一）年龄特征

大学生作为青年团体的重要组成部分，其年龄段主要位于青年中期（18～23岁），但亦有部分个体延伸至青年后期（23～28岁）。这一阶段标志着他们从儿童、少年向成年的过渡，即青年期的核心阶段。青年期被进一步细化为三个阶段，以年龄为划分依据，分别是青年前期、青年中期与青年后期。在青年中期至后期的这一关键时期，大学生群体展现出独特的年龄特征，这些特征显著区别于少年儿童及完全成熟的成年人。

1.生理机能基本成熟

大学生的生理机能已全面迈入成熟阶段，标志着其生理发展的高峰状态已稳固确立。尽管在个别方面，如身高，可能仍保有细微的自然增长趋势，但总体上已顺利跨越了生长发育的活跃期，步入了一个生理机能稳定且器官功能高度完善的阶段。在此阶段，大学生的身体形态差异显著，女性展现出更为圆润的体态，而男性则倾向于肌肉的增长，呈现出更为健硕的外观。这种身体形态的变化，不仅增强了性别特征的辨识度，也促使个体的性别意识进一步觉醒与强化。从内脏机能的角度来看，大学生的身体已达到了高度的成熟与稳定。血压、脉搏等生理指标均维持在正常且稳定的范围内，显示出循环系统与呼吸系统的强健与可靠。同时，肺活量的稳步提升也反映了呼吸功能的优化与提升。在运动能力方面，大学生展现出了令人瞩目的潜力与实力。得益于身体机能的全面成熟与身体形态的优化，他们在速度、力量、灵敏度以及协调性等多个方面均实现了显著的提升。这种提升不仅体现在运动技能的精进上，更体现在对身体控制能力的增强上，使得大学生在各项体育活动中能够游刃有余、表现卓越。此外，大学生的大脑功能也处于高度发展的状态。随着脑细胞间联系的日益紧密与神经突触的不断增强，大学生的思维活动愈发活跃且深入。他们能够迅速调动各种知识储备，对复杂问题进行深入剖析与理性思考，展现出卓越的智力水平与认知能力。这种智力与体能的双重提升，为大学生的全面发展与未来成长奠定了坚实的基础。

2. 心理需求不断增长

当代大学生在思维模式的演变上，显现了由传统经验型向现代理论型的深刻变迁，这一过程伴随着他们独立思考、创新求变与批判性思维的显著增强。同时，他们的心理需求结构也在悄然发生变化，对精神层面的追求日益凸显。具体可概括为以下三个方面：首先，大学生对文化生活的多元化追求日益显著。他们不再满足于单一的学术环境，而是积极寻求更广泛的知识与体验。无论是通过深入阅读、参与学术论坛，还是投身于各类文化艺术活动，他们都力求在丰富多样的文化生活中找到自我成长的养分。其次，大学生对于个人理想的追求更加明确且执着。他们开始深入思考自己的人生目标与价值取向，不再盲目跟风或随波逐流。在明确个人定位的基础上，他们积极规划未来，努力将个人理想融入社会进步的大潮中，以实现自我价值与社会价值的双重提升。最后，大学生在情感层面的需求也呈现出新的特点。他们渴望建立真挚、深厚的情感联系，不仅限于亲情与友情，更包括对爱情的美好憧憬。在情感交流中，他们更加注重心灵的契合与共鸣，希望找到那个能够理解自己、陪伴自己走过人生风雨的伴侣。对于大学生的这些情感需求，我们应当给予充分的关注与理解，为他们创造更加健康、积极的成长环境。

3. 自我意识显著增强

自我意识作为个体在成长历程中逐步形成的重要心理特征，涵盖了对自身及与周遭环境关系的深刻理解。进入大学阶段，随着知识体系的不断拓展与深化，以及对个人需求认知的日益增长，大学生的自我意识呈现出显著增强的趋势，这一变化显著区别于青少年及儿童时期。具体而言，大学生自我意识的发展主要表现为两个核心方面：其一，自我意识的分化、矛盾与整合过程。此过程标志着大学生开始将关注的焦点从外部客观世界转向内部主观世界，进而将自我划分为理想的自我与现实的自我两大维度。理想的自我承载着对完美与高尚的追求，而现实的自我则可能不尽如人意。两者之间的碰撞与冲突激发了大学生对自我的深入反思。这一过程旨在通过理性的思考与自我调整，实现理想自我与现实自我的和谐统一，进而促进自我意识的健康发展。然而，若处理不当，也可能对自我意识的发展产生负面影响。其二，自我意识的要求与能力显著提升。大学生对自我发展的关注度显著提升，不仅关注当前状态，更着眼于未来的规划与实现。他们通过客观审视自身现状，明确发展方向，并致力于达成既定目标。同时，大学生具备了较强的自我教育与自我评价能力，能够基于实际情况进行自我反省与调整，以符合社会规范与个人成长的双重需求。此外，他们的独立思维能力亦显著增强，勇于质疑传统观念，灵活应对复杂问题，展现出坚定的意志力与追求梦想的勇气。

（二）心理特征

大学生正处于其人生旅程的关键阶段，此阶段的心理发展显著地呈现出积极向前的态势。然而，他们也正处于从稚嫩迈向成熟的转变期，在这一过程中他们可能因不适应而出现心理发展的不均衡或心理矛盾。据此，大学生的总体心理特征可概括为：积极情绪与消极情绪并存，同时自我意识中存在着显著的矛盾与冲突。

1.大学生心理发展的积极特征及其转化

大学生群体正处于身心发展的成熟阶段，其身体生理机能已达到相对高峰，展现出旺盛的生命力和积极向上的精神风貌。在认知层面，随着逻辑思维能力的逐步成熟，大学生对事物的理解不再局限于直观感受，而是能够运用更为复杂和间接的逻辑推理来预测和判断事物的发展趋势，显示出高度的主动性和独立思考能力。他们敢于挑战传统观念与习俗，对既有的知识体系保持审慎的批判态度，勇于探索未知领域，积极寻求创新突破。同时，随着对社会知识的深入学习和人际交往经验的不断积累，大学生对社会现象和问题的认识更加全面和深刻，对社会发展规律的理解也更加透彻，能够明确自身在社会中的定位与责任。

随着生理与心理机能的持续成熟，大学生在诸多方面的需求日益增长，这自然引发了更为强烈的情绪与情感体验。他们怀揣着对美好生活的向往，认为所有符合情理的需求均应得到恰当的满足。然而，鉴于其社会生活经验的相对匮乏，他们可能会在不经意间以自己的情绪感受作为标尺，去衡量他人的行为，并对自认为不公的现象表现出强烈的反感。步入大学校园后，大学生们接触到了更为广泛且复杂的人际网络。在这一阶段，他们不仅渴望实现个人的独立自主，还期望能与志同道合者建立基于共同兴趣与价值观的深厚友谊。这种友谊需建立在相互尊重、彼此独立而又紧密相连的基础上，进一步丰富了大学生们的情绪与情感体验。

在探讨大学生的心理特质时，我们必须采取一种既肯定其积极面向又警觉其潜在消极影响的全面视角。诚然，大学生群体展现出了诸如精力充沛、抽象思维深化、求知欲旺盛、情感丰富以及自尊心强等显著且积极的心理特征，然而，这些特征尚处在未完全成熟的阶段，其潜在的风险与局限性不容忽视。具体而言，当大学生的充沛精力未能得到正确引导时，可能会误入歧途，投身于无益甚至有害的活动之中，造成资源的浪费与自我价值的贬损。同样，他们日益增强的抽象思维能力，虽然能够超越具体事物进行假设与推理，但也存在因脱离实际而陷入片面性结论的风险，甚至可能为了维护个人观点而采取不合理的辩护手段。此外，强烈的求知欲若缺乏必要的批判性思维训练，可能导致对信息的盲目接受，尤其是对那些已被时代淘汰但仍未亲身接触的观念，可能会不加甄别地将其视为新知，从而阻碍个人认知的健康发展。在情感表达上，大学生虽然情感充沛且富有热情，但在处理人际关系时，若过于受情绪驱使，则可能损害理智判断与决策能力。而在自尊心方面，尽管适度的自尊是个人成长的重要动力，但过度膨胀的自尊心若未能伴随相应的心理韧性，一旦遭遇挫折便可能迅速转化为自卑情绪，对个体的心理健康构成威胁。

2.大学生心理发展中的矛盾性

（1）自尊性与自卑性

在青年成长的关键时期，大学生群体的自尊心与自信心均显著增强，他们开始以更加客观、理性的视角审视自我，并愈发重视外界的评价与认可，期望被视为具有独立决策能力的"成年人"，享有平等的尊重与信任。然而，自尊心的增强亦伴随着潜在的风险——自卑心理的出现。当部分大学生的自尊心遭遇挑战或受挫时，他们可能陷入自卑的泥淖，产生消极情绪，并在困境中倾向于自责，甚至可能萌生极端的自我了断念头。自尊与自卑作为相互交织的心理现象，在大学生心理发展中具有举足轻重的地位。鉴于自卑心理往往源于自尊心的受损，我们必须采取积极措施，引导大学生正确看待并妥善处理这两种心理状态。通过提供恰当的心理支持与指导，我们可以帮助大学生充分发挥自尊心的正面作用，同时有效抵御自卑心理的侵袭，从而确保他们健康、平稳地度过这一重要的人生阶段。

（2）独立性与依赖性

进入大学阶段，大学生在心理上普遍经历了一个显著的"成长飞跃"，他们开始强烈地认为自己已成长为独立自主的成年人，不再受限于家庭和学校的传统约束。然而，在这一转变过程中，大学生也面临了显著的挑战。由于生活经验的相对匮乏，当面对不熟悉或复杂的情境时，他们可能会感到迷茫和无力，难以及时采取恰当的应对措施。此外，就经济层面而言，大学生在校期间的主要经济来源依然依赖于家庭的支持，这使得他们在经济上难以实现完全的自立。同时，精神层面上的独立也同样受到家庭背景和个人成长经历的影响，部分大学生可能因家庭长期的呵护与溺爱而形成了较强的依赖心理。因此，大学生在追求独立性的同时，也往往难以摆脱对家庭和社会的依赖，这种矛盾心理在他们的意识中形成了显著的冲突与张力。

（3）情绪性和理智性

大学生群体正处于一个认知与情感交织的复杂阶段。他们拥有对事物进行理性分析的能力，但在面对情感波动时，其决策过程可能受到显著影响，呈现出难以完全脱离情绪干扰的特点。此阶段的大学生，对新兴事物持有高度的好奇心和探索欲，其情绪表达直接且显著，容易受到外界因素的激励与触动。同时，鉴于大学生群体普遍具备强烈的社会责任感与自我实现的需求，他们在面对挑战时，往往会主动寻求情绪控制的方法，以更加理智的态度应对问题。然而，当外界环境或情境与个体既有认知产生冲突时，大学生在维持理智与情感平衡方面可能面临困难，导致内心困扰与挣扎。

（4）趋同性和批判性

大学生在成长过程中，正处于发展批判性和创造性思维的关键时期。他们展现出强烈的好奇心，倾向于深入探究事物的本质，对他人观点持有审慎态度，并寻求更具说服力的论证。然而，与此同时，大学生亦可能面临趋同性的潜在影响，表现为倾向于附和或屈从于多数人的观点或行为模式，即所谓的"合群"现象。这种趋同性与批判性之间的相互作用，导致了大学生心理状态的复杂。他们一方面渴望表达自我，勇于提出问题并深入探索；另一方面，又可能不自觉地受到群体压力的影响，在表达个人观点时产生犹豫和动摇。因此，大学生在平衡个人见解与群体共识之间，往往处于一种微妙的矛盾状态。为了应对这一挑战，大学生应当努力培养自身独立思考的能力，坚持理性分析，勇于对既有观念质疑，并寻求基于事实和逻辑的更为坚实的论证。同时，他们也应保持开放的心态，尊重并包容不同的观点和意见，以促进个人成长与社会的和谐发展。

（5）性成熟与性压抑

大学生性机能已发育完善，这一机能的成熟直接影响大学生生理和心理发展。他们向往与异性交往，但部分大学生会出现难以入睡、焦虑、抑郁等情绪，甚至养成不良的行为习惯。这就需要家庭、学校对大学生进行正确引导，减少性成熟与性压抑对大学生身心健康造成的不良影响。

二、大学生心理问题的成因分析

近年来，大学生心理健康问题引起了社会的热议。分析大学生心理问题的成因和影响因素，探讨大学生如何从压力和挫折中得到成长与发展，有助于大学生建立积极的自我保护机制，促进其身心健康发展和心理潜能开发，进而提高大学生缓解负性情绪、摆脱挫折或创伤等消极事件的能力。总体来说，大学生心理问题的成因主要包括以下几个方面。

（一）学习方面的问题

针对当前高校学生在学习领域所出现的问题，包括但不限于学习效率低下、学习热情减退、课程作业拖延、学业自我效能感薄弱以及考前或考试期间情绪焦虑等，我们必须采取系统性、针对性的策略予以应对。首先，我们需强化学生的学业规划意识，促使他们确立清晰的学习目标，以激发其内在的学习动力。这要求学生根据个人兴趣及能力特点，设定既具挑战性又切实可行的学习计划，并分解为阶段性目标，逐步推进。其次，应重视学习方法的传授与优化，以提升学生的学习效率。这包括推广有效的阅读策略、笔记技巧及复习方法，并引入思维导图等先进工具，以辅助学生进行知识的系统整理与记忆。再者，建立健全的心理支持体系至关重要。学校应设立专业的心理咨询机构，为学生提供及时、专业的心理辅导服务，以缓解其因学业压力而产生的负面情绪，提升其心理调适能力。同时，营造积极向上的学习氛围亦不容忽视。通过组织学术讲座、学科竞赛、学习小组等多种形式的活动，激发学生的学习兴趣，促进学生间的交流与合作，形成良好的学习风气。此外，教师作为学生学习的重要引导者与监督者，应密切关注学生的学习状态，及时发现并解决学生在学习过程中遇到的问题。通过课堂观察、作业反馈及课后辅导等手段，教师可以为学生提供个性化的学习指导，助力其克服学习障碍。最后，应重视培养学生的时间管理能力与自主学习能力，引导学生合理安排时间，制订科学的作息计划，并培养其独立思考与解决问题的能力，以适应未来社会对高素质人才的需求。

（二）人际关系方面的问题

在人际交往领域，高校学子所面临的一系列问题，主要表现为与同学及舍友间关系紧张或疏远、人际冲突频繁、建立亲密关系的难度以及公开场合表达不自信等。人际交往不仅是个人与外界建立联系的基本途径，更是促进个体全面发展的关键要素。对于正处于青年期，思维活跃、情感丰富的大学生而言，其人际交往需求相较于其他阶段更为迫切。进入大学后，生活环境的显著变化要求大学生独立应对更为复杂的人际网络，这无疑给部分学生带来了沉重的心理负担。若人际交往问题未能得到妥善处理，可能会进一步引发学习与生活上的问题，导致学生性格孤僻、心理恐惧乃至产生敌对情绪。从心理学角度分析，存在人际交往障碍的大学生往往在认知层面展现出偏执、自我中心化倾向，难以接纳他人的缺点，信任缺失，并对他人的反应持有消极敏感的态度。在情绪层面，他们容易感到紧张、羞涩，并伴随强烈的孤独感与焦虑情绪。而在行为表现上，则可能体现为交往活动的被动退缩、言语或行为冲突的频发、难以建立稳定亲密的关系以及人际交往技巧的匮乏。

（三）情感方面的问题

高校学生情感方面的问题主要包括异地恋、单恋、同性恋、与多人产生情感纠葛、失恋后情绪或行为失控、其他情感导致的心理冲突或失衡等。随着大学生生理、心理发展逐渐成熟，对异性的好感也开始萌芽。但是，由于大学生缺乏生活经验，思想脱离实际，易冲动，在与异性交往过程中的甜蜜、困惑或痛苦往往让其无法及时调整自己的情绪和心理状态。一般而言，大学生在面临情感问题时，其认知、情绪情感及行为层面均会展现出显著的变化。在认知方面，他们可能表现出过度的自我反思与自责倾向，思维趋于偏执，并可能持有不切实际的幻想，这些均可能对其客观判断与自我评价造成负面影响。在情绪情感层面，他们可能经历深刻的痛苦体验，频繁出现哭泣现象，且情绪稳定性显著降低，易于失控。这些情绪反应不仅对其日常生活造成困扰，还可能对其心理健康构成潜在威胁。在行为方面，情感问题可能导致大学生学习动力减弱，学习成绩下滑；同时，他们可能遭受失眠、食欲下降等生理困扰；在社交方面，他们可能选择回避正常的社交活动，表现出一定的社交退缩倾向；更为严重的是，部分大学生可能出现冲动性自伤或伤害他人的行为，这些行为无疑对其个人及周围人群的安全构成了潜在风险。

（四）择业就业方面的问题

在择业就业方面，高校学生出现的问题主要包括职业规划与目标不清晰、专业与市场需求不匹配、实践经验不足、择业就业困难等。随着我国高等教育水平的不断提升，大学生面临的就业竞争日益激烈。在严峻的就业形势下，许多大学生既急于毕业又害怕毕业，既想找到一份稳定的工作，又担心就业层次不理想，因此容易引发紧张、焦虑的情绪，更有甚者退而避之，产生择业就业恐惧。在探讨大学生在择业就业领域面临的挑战时，我们注意到几个核心问题。在认知层面，部分学生存在自我认知不足的现象，容易受外界评价左右，且对就业市场的实际情况了解不够深入，同时表现出一定的畏难情绪。在情感维度上，他们普遍感受到迷茫、焦虑以及强烈的不确定性，这些情感因素进一步加剧了职业选择的难度。而在行为表现上，则体现为失眠、拖延等现象的增加，以及对新环境探索兴趣的减退。

（五）家庭经济方面的问题

家庭经济问题是影响大学生心理健康的重要因素之一。这些问题主要包括家庭收入较低、父母失业或退休、单亲家庭或父母长期患病等。这些问题不仅给大学生的学习和生活带来实际困难，还对他们的心理造成了深远的影响。首先，家庭经济问题直接影响了大学生的自我价值感。由于经济压力，他们可能会对自己的能力和价值产生怀疑，进而对学习动机和目标产生疑虑。这种负面情绪会进一步削弱他们的自信心和动力，影响他们的学业成绩和未来发展。其次，家庭经济问题还可能导致大学生在情绪和情感上出现问题。他们可能会有害怕、担忧、缺乏安全感等负面情绪，这些情绪会进一步加重他们的心理负担，影响他们的身心健康。长期处于这种负面情绪状态下，大学生可能会出现焦虑、抑郁等心理问题。最后，家庭经济问题还会影响大学生的行为表现。他们可能会因为经济压力而无法集中注意力或有效学习，导致学业成绩下降。同时，在社交方面，他们可能会表现出被动消极的态度，缺乏与他人交流和合作的能力。这些行为问题会进一步限制他们的发展空间。因此，应重视和解决大学生的家庭经济困难问题。政府、学校和社会应该共同努力，为家庭经济困难的大学生提供更多的支持和帮助。例如，可以设立奖学金、助学金等资助项目，减轻他们的经济负担；同时，还可以加强心理健康教育和服务，帮助他们建立正确的自我认知和价值观，增强自信心和适应能力。

（六）网络方面的问题

随着信息技术的迅猛发展，高校学生在网络使用方面面临的问题日益凸显，主要包括过度沉迷于虚拟世界致使学习成绩显著下滑，孤独感与抑郁情绪加剧，以及对现实生活有逃避倾向等。这些现象不仅反映了网络在当代社会中的不可或缺性，也揭示了其潜在的负面影响。电子产品的快速迭代与网络游戏的层出不穷，虽为大学生的课余生活带来了多元化的娱乐选择，但同时也为他们的心理健康埋下了隐患。网络虚拟世界，作为一个与现实截然不同的领域，虽然能满足个体在现实世界中难以满足的某些需求，但其中也充斥着暴力、色情、颓废等消极色彩的内容，对大学生群体构成了不容忽视的心理威胁。这种威胁易导致部分学生深陷网络虚拟的泥潭，进而引发一系列心理障碍。通常，沉迷于网络的学生，在认知层面会表现出对现实世界的兴趣减退，倾向于逃避面临的困难与挑战；在情绪情感方面，则可能陷入迷茫、困惑、纠结与矛盾之中；而在行为表现上，则可能展现出自我控制能力减弱、注意力难以集中、学习效率低下以及社交活动中的被动与消极等特征。因此，针对高校学生在网络使用中所面临的这些问题，需采取积极有效的措施，引导他们形成健康的网络使用习惯，同时加强心理健康教育，以维护他们的心理健康与全面发展。

三、大学生心理问题的调适策略

（一）开展多种形式的心理健康教育

1.开设心理健康教育课程

根据高校教学方面的实际情况，将心理健康教育纳入课程体系中，设立专门的心理健康课程或将其作为跨学科课程的一部分。这些课程可以覆盖心理健康基础知识、常见心理问题的识别与处理、心理健康促进技能等内容。在新生中开设"大学生心理健康教育"限定选修课。此外，根据专业的差异开设不同的心理健康教育课程。例如，在师范类专业中开设"教育心理学"，在医学类专业中开设"医学心理学"，在体育类专业中开设"运动心理学"等。

2.开展心理健康讲座和培训活动

每学期定期或不定期对在校大学生、教职工、心理健康教育工作人员开展心理健康讲座和培训活动。针对不同年级的大学生进行专题讲座，例如：在大一新生中举办"大学新生心理转型及应对措施"讲座；在毕业生中举办"毕业生职业发展心理指导"讲座；对心理健康教育工作人员，包括学生辅导员、思政教师等，进行"心理问题识别与应对"主题培训，使他们能够更好地理解和支持学生的心理健康需求，帮助他们在处理学生心理问题时更加具有针对性和实效性。

3.加强心理健康知识宣传

利用校园广播、校报、宣传栏、计算机网络等媒介宣传心理健康知识，加强学生之间的经验交流，将心理健康知识融入日常学习和生活中。同时，不定期开展心理影片展、心理情景剧剧本创作与表演比赛、心理健康征文活动、心理健康主题班会等，增强学生和教职工对心理健康的认知和关注度，增强心理健康意识和提高心理调适能力。

（二）建设高素质的心理健康教育师资队伍

在构建心理健康教育工作体系的过程中，确保师资队伍的高素质是核心任务之一。为此，应采取以下关键措施。第一，优化师资队伍结构，积极引进并培养具备专业背景的心理健康教育人才，以增强整体师资实力。第二，重视教师的专业培训与发展，通过系统的培训计划，提升教师在心理咨询与心理干预方面的专业能力，确保学生心理问题得到专业、有效的解决。第三，鼓励心理健康教育教师积极参与实践活动，通过实践锻炼积累教学经验，提升应对复杂情况的能力，从而更好地服务于学生。第四，建立健全的考核与激励机制，以科学、合理的标准对教师工作进行评价，激发教师的工作积极性与创造力，推动心理健康教育工作的不断进步。

（三）建立完善的心理监控和干预体系

完善的心理监控和干预体系包括建立心理健康咨询中心、合理开展心理健康教育、建立心理档案、设置班级心理委员、开展朋辈心理辅导等。完善的心理监控和干预体系有助于全方位、多角度地维护学生的心理健康，及时发现学生的心理问题，并提供有效的处理方法。新生入学后，对其进行心理排查，建立心理档案，可以帮助筛选出存在人格偏离或危险因子较高的学生，进而及时发现问题并提供有效的干预措施。另外，开展朋辈心理辅导能够帮助学生缓解日常生活中遇到的各种适应问题，提高学生的心理健康水平。由同龄人担任心理辅导员的举措具有显著的双重效益。其一，它能有效缓解心理健康教育教师的工作压力，特别是在应对基础性心理问题时，能迅速为学生提供必要的情感慰藉与支持，从而促进学生心理健康的积极维护。其二，鉴于同龄人之间相似的价值观念、生活方式及成长经历，朋辈心理辅导在应对学生日常心理困扰时展现出重要价值。此类辅导能够基于深刻理解与共鸣，构建更加稳固的信任桥梁，鼓励学生敞开心扉，分享内心体验。

（四）加强校园文化建设，开展健康的校园文化活动

校园文化环境是校园环境的"软件"，建设良好的校园文化环境可以为大学生心理健康发展提供积极的外部条件。丰富校园文化生活，开展形式多样、健康向上的文体活动，有助于提高学生的生活满意度和主观幸福感。校园团体活动作为学生展现自我才华的重要平台，对于促进学生身心健康发展具有不可估量的价值。此类活动不仅有助于学生个人能力的展现，更能在合作中培养学生的团队协作精神，强化其关心他人、尊重他人、心系集体的优良品质，进而优化学生间的人际关系。同时，我们高度鼓励学生投身于社会实践与公益活动之中。利用节假日等时间，为社会福利院、敬老院等机构提供志愿服务，或深入贫困地区参与扶贫工作，这些举措不仅能够有效增强学生的社会责任感与使命感，还能在实践中锤炼学生的个人品质，促进其身心健康的全面提升。

（五）关注特殊时期、特殊群体，有针对性地开展工作

针对学生心理辅导与干预工作，我们需秉持具体问题具体分析的原则，针对不同时期、不同情况的学生，制定具有针对性的策略。在诸如新生入学、期末考试、临近毕业等特殊时期，学生由于面临日常学习、生活的显著变化，往往难以及时调整心态，从而可能引发一系列心理问题。对于新生而言，初入校园，他们可能会在学习、生活等多个方面感到不适应，进而产生敏感、焦虑等心理困扰。针对此情况，我们可以通过组织新生入学教育、举办心理健康讲座、开展小组训练等多种方式，对学生进行系统的心理健康教育和心理辅导，帮助他们顺利完成从高中生到大学生的角色转换，尽快适应大学生活。而对于即将毕业的学生，他们则面临着就业、升学等多重压力，容易产生迷茫、焦虑等情绪。此时，开展职业发展指导、就业心理辅导等活动显得尤为重要。这些活动旨在帮助学生客观地认识当前的职业发展状况，深入了解自身的个性特点和优势，从而做出更加合理、科学的就业选择，既满足社会的需求，又实现个人的职业发展期望。此外，对于不同情况的学生也需要提供有针对性的心理辅导与干预。例如，对家庭经济困难的学生进行心理创富训练，有助于增强他们克服困难的勇气，减轻心理压力和负担，避免产生自卑、嫉妒等心理问题；对违纪的学生进行行为矫正，帮助他们缓解负性情绪，正确认识所犯错误的严重性和危害性，提升面对挫折、改正错误的勇气和信心。

第二章 心理危机与干预理论

第一节 心理危机概述

一、危机与心理危机

危机（crisis）通常包含两个含义：一是指出乎个体或群体意料发生的突发事件，这些事件通常具有不可预测性和破坏性，如自然灾害（地震、水灾）、人为灾难（战争、恐怖袭击）、流行病暴发等；二是指个体或群体在面对这些突发事件或持续压力时所处的紧急和混乱状态，这种状态可能表现为情感上的困扰（如焦虑、恐惧）、功能上的失调（如无法正常工作或生活），以及应对能力的不足（如缺乏足够资源或支持）。危机的核心在于个体或群体意识到事件或情景超出了自身的应对能力，而非事件或情景本身。这种认知上的不适应感和无力感是危机的关键特征。

心理危机（psychological crisis）是指个体遭遇突发或重大应激事件时，如离婚、丧亲、失业、交通事故、重大疾病等，运用个人常规应对方法无法解决而导致的心理失衡状态。在面对危机情境时，个体往往会出现一系列复杂且深刻的身心反应，这些反应在多数情况下会持续六至八周的时间跨度。心理危机反应的多维度特性显著，涵盖了生理、情绪、认知及行为等多个层面。在生理维度上，心理危机可能诱发诸如食欲下降、胃肠功能紊乱（如不适与腹泻）、头痛、睡眠障碍（如失眠）、身体疲乏，以及肌肉紧张等生理症状。这些表现是身体对压力环境做出的自然生理反应。情绪层面，心理危机则可能导致焦虑、恐惧、沮丧、忧郁、无助、绝望、自责及易怒等负面情绪的产生。这些情绪状态深刻影响着个体的心理状态，可能源于对危机事件的直接反应或对未来不确定性的忧虑。从认知角度来看，心理危机可能导致个体出现注意力不集中、自信心减弱、自我效能感降低以及难以从危机事件中抽离思绪等认知障碍。这些认知障碍可能进一步影响个体的决策能力和日常功能。在行为层面，心理危机可能促使个体表现出强迫自己（如反复洗手与消毒）、社交回避，以及攻击或破坏等不适应性行为。这些行为模式可能是个体在应对压力时采取的一种自我保护策略，但也可能加剧其孤立无援的感受。值得注意的是，个体对心理危机的反应程度并非与事件的客观严重性直接相关，即相同的危机事件可能对不同个体产生截然不同的心理影响。例如，同时经历一场车祸的两个人，一位可能因车祸经历而产生强烈的心理创伤后应激障碍（PTSD）症状，而另一位可能在经历车祸后相对较快地恢复正常。心理危机反应程度受多种因素影响，包括个体的个性特点、认知水平、情感状态、社会支持状况、健康状况、适应能力以及应对策略等。了解这些差异有助于在进行心理危机干预和支持中采取更为个性化的措施，提供更有效的帮助。

二、心理危机的类型

心理学家巧拉默认为，心理危机包括三种类型，即发展性危机、境遇性危机和存在性危机。

（一）发展性危机

发展性危机，亦称作成长性危机或适应性危机，是个体在成长与发展轨迹中，遭遇生理或环境急剧变迁时所引发的异常应激反应。例如，升学、毕业、结婚、退休等都可能导致发展性危机。发展性危机具有独特性，大学生发展性危机主要涉及学业、人际关系、就业等方面。

（二）境遇性危机

境遇性危机是指个体无法控制和预测的突然出现的危机。境遇性危机往往是突然的、随机的、强烈的和灾难性的，引发危机的事件是个体无法预料或难以控制的。例如，失业、交通事故、突发疾病或死亡等都可以导致境遇性危机。

（三）存在性危机

存在性危机，作为个体生命旅程中不可或缺的一部分，指的是在个体成长与发展的关键阶段，面对诸如人生目标、自由意志、孤独感、死亡认知、承诺履行、责任担当及义务执行等核心人生议题时，所体验到的深刻内心冲突与心理焦虑。此类危机，根植于人的存在性本质之中，是每个人在生命旅途中必须面对的深刻议题。它不仅考验着个体的心理承受能力，更是促进个体自我认知深化、人格成熟与价值观构建的重要契机。存在性危机既可以基于现实，也可以基于过去，或基于某种持续性的心理状态。

三、心理危机的阶段

心理危机的发展阶段分为危机前状态、危机状态、危机事件、危机后状态。

危机前状态，指的是个体所处的内外部环境经历显著变化的状态。这种变化对个体的影响具有差异性，既可能表现为突发性的冲击，也可能通过潜移默化的方式逐渐显现。就环境变迁而言，个体的内心情绪波动与外部事件的直接影响，均是诱发心理危机的潜在因素。然而，值得注意的是，同一环境变化的影响深度，不仅受制于事件本身的性质与严重程度，更与个体内心的调适和应对能力息息相关。因此，在面对同一事件时，不同个体可能展现出截然不同的反应状态：有的能够保持冷静与稳定，视之为生活常态中的一抹涟漪；而有的则可能遭受巨大冲击，仿佛遭遇了生命中的晴天霹雳。

危机状态，即指那些预示着即将发生危机的特定事件或环境条件。在此状态下，环境发生的显著变化已对个体构成了实质性的"威胁"。以新冠疫情为例，当疫情肆虐时，公众普遍感到恐慌，一旦个体出现感冒发烧等症状，其首要反应往往是担忧自身是否已感染了新冠病毒。在此情境下，个体的心理状态与行为模式均受到深刻影响。一方面，危机状态可能激发个体的生存本能与自我保护意识，促使其采取积极的预防与应对措施；另一方面，过度的恐慌情绪亦可能导致个体行为失当，如过度反应、盲目跟风等。

危机事件，指的是已经发生或正在发生，其态势可能趋于缓和或持续激烈的紧急事件。此类事件通常具有高度的突发性和不确定性，容易引发广泛的社会恐慌，对管理者和决策者的应对能力提出严峻考验。例如，个体处于心理危机状态并准备采取极端行动，而且实际上已站在高楼边缘准备跳楼，即构成了危机事件的具体表现。在应对危机事件时，必须秉持科学严谨的态度，全面检验现有的应急机制和反应速度。若处理得当，则能有效遏制事态恶化，避免生命财产的重大损失及不良社会后果的产生。反之，若处理失当，则可能导致无法挽回的生命损失、财产损失，并对社会造成深远的负面影响。

危机后状态，是指危机事件发生后，危机相关各要素所展现出的具体情形，这涵盖了人员、财务、物资等多个维度的状态。在这一阶段，工作重心需聚焦于减少人员伤亡、稳定受灾群众情绪、优化资源配置，以及加快危机后重建与恢复进程。这些措施旨在迅速恢复社会常态，降低危机事件的后续影响，并为未来的危机应对工作提供坚实的实践基础与宝贵的经验参考。

根据心理危机阶段发展的自然规律，应采取相应的策略以有效避免或减少心理危机的发生，这些策略统称为应对措施。具体而言，在危机尚未显现的阶段，即危机前状态，所采取的措施旨在预警和预防危机的发生；而在危机已经发生或发生后的阶段，所采取的措施则属于危机干预的范畴。无论是预防还是干预，其核心目标均为降低心理危机对个体或群体造成的潜在或实际伤害，进而减少由此带来的不必要损失。这些应对措施的制定与实施，必须严格遵循心理危机发展的科学规律，以确保其合理和有效。

四、心理危机的识别

对危机事件的认知和评价会影响个体的主观感受。当个体惯常的应对方式失败时，则生理、情感、认知、行为等方面的功能水平较危机事件发生前降低。通常情况下，识别个体心理危机程度的方法主要包括行为观察法、面谈诊断法、心理测量法、心理健康普查法等。

（一）行为观察法

行为观察法，作为心理学领域的一项基础且重要的研究方法，其核心在于在自然、未加干预的情境中，对个体的行为进行系统性、有目的的观察与记录，并随后对所得记录进行深入分析，以揭示个体的心理活动规律及其发展轨迹。在观察手段层面，研究者可依据实际情况选择直接观察或间接观察两种方式。直接观察法，即研究者仅凭自身感官（如视觉、听觉等）直接捕捉并记录目标行为；而间接观察法则借助现代科技手段，如录音机、摄像机等辅助设备，以获取更为详尽、客观的观察资料。观察记录的方法，则主要分为事件记录观察法与范畴记录观察法两类。前者强调对行为发生、发展全过程的完整记录，旨在全面把握行为的演变脉络；后者则侧重于对特定类别行为的针对性记录，以实现对行为特定方面的深入剖析。此外，根据观察者与被观察者之间关系的不同，行为观察法还可进一步细分为参与观察法与非参与观察法。参与观察法要求观察者深入被观察团体内部，成为其中的一员，以便能够更加贴近、真实地观察和记录目标行为；而非参与观察法则要求研究者保持中立立场，不介入被观察团体的日常活动，仅从外部进行客观的观察与记录。心理学家在运用行为观察法进行研究时，应根据研究目的、对象及情境的不同，灵活选择并综合运用上述各种观察手段与记录方法，以确保研究结果的准确性、全面性和科学性。

在评价个体心理危机程度时，可采取行为观察法。通过对个体行为的观察和分析，评估其心理健康水平与心理危机反应程度。如果个体行为表现与其日常行为习惯相似，表明其心理状态正常；如果个体某些行为发生的频率或强度出现异常，则表明其可能存在一定程度的心理问题。例如，某人每日如厕次数通常存在一定规律，突然一段时间内夜间如厕次数明显增加，则可以推断其可能出现泌尿系统、消化系统或睡眠问题等。出现心理危机反应，可能导致个体的机体生理功能下降，常表现为尿频、腹泻、失眠等。

（二）面谈诊断法

所谓面谈，是指有计划、有目的的，在两人或多人之间进行的谈话。面谈具有控制性、计划性、目的性、双向性和即时性等特征。在心理学中，面谈是最主要、最常见的临床手段，用以了解个体的相关信息，包括健康状况、家庭背景、个人生活史、家庭生活史等。面谈既可以是心理治疗的引导或开端，也可以是心理治疗本身。面谈开始时，一般使用开放—结束式问题，使个体开始谈论其目前的难题。面谈中，尽量不要打断个体与当前难题相关联的叙述。面谈结束前，须将个体的重要表述进行摘述，并让其对此结论做出相应的反应，进而对其反应做出回馈并表达对其日后进展的关怀。诊断性面谈聚焦个体心理症状，通过了解个体病史、持续时间、严重程度等来判断和界定个体的问题或困难所在。

在个体心理危机的识别中，使用面谈诊断法可以对个体心理健康水平或心理危机反应程度做出评价。例如，当发现某人近期情绪比较低落时，可以使用开放—结束式问题表达对其关心："最近我看你好像挺沉闷的，能否告诉我发生了什么事情？""不知道你遇到了什么事情，我可以为你做点什么吗？"需要注意的是，在帮助他人的时候，也要考虑其感受，有时候过于热情反而会让当事人感到自己的无能。帮助他人不是要代替他做什么，而是要让他看见自己的力量，彰显自身的能力。通过诊断性面谈，可以全面了解个体所面临的处境和困难，针对其心理问题给予相应的支持和干预。

（三）心理测量法

心理测量，作为心理学研究与应用领域的一项重要工具，严格遵循心理学理论，并依托科学的操作程序，旨在对个体的心理特性及行为进行量化评估。其范畴广泛，并不局限于心理测验，更涵盖了观察法、访谈法、问卷法、实验法以及心理物理法等多种方法手段。心理测量法可以全面而深入地揭示个体的心理特征。心理测量通过精确、客观且标准化的测量方式，对个体的关键素质进行系统性分析。这些素质是指完成特定活动或工作所必需的感知能力、能力水平、气质类型、性格特点、兴趣倾向及动机状态等个体特征，它们共同构成了个体以高效、高质方式完成活动或工作的坚实基础。

在心理学特质理论中，个体内在特质通过外显行为展现，这些行为成为研究特质的科学依据。通过心理测量，评价个体对测验项目的行为反应，心理学家对测量结果进行推论，从而间接了解个体的心理属性。此外，心理测量的标准也不是一成不变的。在对个体行为进行比较时，可通过测量结果确定每个个体所在连续行为序列的具体位置。由于位置具有相对性，因此个体行为是与其总体行为或某种人为确定的标准相比较而言的。

心理测量可以从个体的人格、智力、能力、心理健康等各方面对个体进行全面描述，评估个体的心理特性和行为；也可以对同一个体的不同心理特征进行差异比较，从而确定其相对优势与不足，探寻个体行为变化的原因。当个体经历心理危机时，心理测量可以分析和评价个体心理问题的表现及其原因，进而有针对性地给予心理干预或治疗。

（四）心理健康普查法

心理健康普查法，指使用科学、有效的心理量表对普查对象进行心理测试，评估个体在某个时间段内的某些心理特点和心理状态。心理测试的优点在于能够较快和较多地了解不同个体的心理特点与状态；缺点在于易受周围环境的影响与暗示，以及受被测者当时心理状态等因素的影响。因此，心理健康普查需要选定合适的时间和地点，并保证受测个体具备一定的配合程度。心理健康普查法是心理健康教育的基本手段，开展心理健康普查、建立心理健康档案，是加强心理健康教育、预防心理危机的重要内容，也是评估个体心理健康水平的重要措施。

心理问题或心理疾病具有一定的隐匿性，不容易被发现。通常情况下，公众对有心理问题或心理疾病的个体存有误解，个体也会由此产生病耻感，使想要寻求帮助的个体不敢就医，从而耽误了心理干预和治疗的时间。心理健康普查作为一项关键举措，其重要性在于能够迅速而有效地识别出需要心理干预与治疗的个体，并及时施以援手，从而保障个体的心理健康与持续成长。此外，心理健康普查在提升公众心理健康意识方面也发挥着不可或缺的作用。通过定期、系统的普查工作，能够促使个体更加关注自身心理状况，提高自我觉察能力，并在遇到心理困扰时主动寻求专业帮助，从而有效解决心理健康问题。

五、心理危机的结局

一般情况下，心理危机对个体的潜在影响期通常在 30～45 天，然而，这一时间范围并非绝对，因个体差异而不同，可能有所延长或缩短。在危机持续期间，个体的认知模式、对危机的评估与解读、所采取的应对策略、可获得的社会支持网络、个人的性格特质以及当下的情绪状态等多元因素，均可能显著地塑造危机对个体产生的具体影响。若个体能够采取合理、有效的危机应对策略，则有可能将原本的危机局势转化为积极的发展契机，实现"化险为夷"的积极结果。

一般心理危机主要包括以下四种结局：①心理危机得到解决。个体在经历心理危机后，其心理健康状态能够逐步恢复至危机发生前的水平，甚至可能达到一个更为优化的状态，显示出已增强的心理韧性。在此过程中，个体对危机事件的认知与情感体验逐渐变得更为平和与放松，不再受其过度影响。面对生活中的挑战与变化，他们能够以更加积极、理性的态度去应对，展现出良好的适应能力和生活态度。②尽管心理危机已经得到妥善处理，但个体可能仍面临心理"免疫力"下降和隐性创伤的困扰。由于危机的复杂性和可复发性，人们在未来可能会遇到各种生活情境下的不适或症状复发。虽然当前危机已经度过，但是个体可能存在一定的心理创伤，影响社会适应能力。③心理危机没有得到解决，呈现危机慢性化，个体出现严重心理障碍。危机的复发率高，可能重新席卷而来，一般心理咨询可能无法解决，需要精神科医师进行治疗。④自伤自杀。由于难以承受心理危机的影响，个体出现极端的自伤自杀行为。个体感到生活毫无意义、无助、沮丧、极端痛苦，认为只有自伤自杀才能解决内心的痛苦。

在多数个体的生活经历中，心理危机得影响往往呈现出暂时性和非极端性的特征，不会给日常生活带来永久性或灾难性的后果。然而，当心理危机的强度超出个体的承受能力或持续时间过长时，其潜在的风险与影响便不容忽视。从个体层面分析，长期的心理危机可能导致个体的生理机能受损，具体表现为免疫力下降、身体健康状况下降等。更为严重的是，个体在心理危机的驱使下，可能采取一系列非理性的行为，如自我伤害、攻击性行为等，这些行为不仅严重危害了个体的身心健康，还可能对其社交关系、职业发展及家庭和谐造成深远影响。从社会视角审视，心理危机若得不到及时有效的干预与疏导，可能引发一系列社会问题。个体在心理危机中的非理性行为可能扰乱社会秩序，如哄抬物价、传播谣言等。这些行为不仅破坏了正常的社会生活秩序，还可能加剧社会恐慌情绪，给危机防控工作带来更大的挑战。

第二节　心理危机干预

心理危机干预（crisis intervention），也简称危机干预，是指针对陷入心理危机状态的个体，采取一系列科学、合理的措施，旨在迅速且有效地化解其心理危机，恢复心理平衡状态，并引导其重新适应日常生活。此过程旨在向身处困境或经历挫折的个体提供必要的援助与支持，以确保其心理状态的稳定与恢复，而不涉及对其人格特质进行矫正或治疗。因此，心理危机干预工作具有高度的时效性和紧迫性，强调迅速响应与有效处理。

一、心理危机干预模式

心理危机干预模式的形成，是对心理危机理论深入研究的必然结果，旨在为心理危机干预提供系统性、科学性的指导策略与方法。当前，心理危机干预领域主要采用的理论模式涵盖认知模式、哀伤辅导模式、平衡模式以及心理社会转变模式等四大类别。

（一）认知模式

认知模式作为危机干预的核心策略，其理论基础在于个体对事件及处境的认知偏差可能导致负面影响。因此，危机干预工作的核心在于引导个体识别并纠正这些非理性或偏差的认知，进而促进他们以正确、合理、理性的视角审视所面临的挑战。以情感挫折（如失恋）为例，当个体面临此类危机时，可能会因过度投入而质疑自身价值及关系的本质。在此情境下，认知模式强调需引导个体认识到，情感的维系不仅仅依赖于单方面的付出，更涉及相互尊重、理解、包容及诸多外部因素。同时，应帮助个体理解失恋作为情感历程中的常态现象，鼓励其以平和的心态接受现实，避免陷入过度的自我否定。在学业困境中，类似的问题同样存在。当个体因成绩不佳而陷入自我怀疑时，认知模式指出需引导其全面审视影响学业成绩的多重因素，如学习方法的有效性、时间管理的合理性等。通过促进个体对这些因素的认识与调整，帮助其走出困境，重拾对学习的信心与动力。

（二）哀伤辅导模式

哀伤辅导模式，作为一种科学且系统的情绪管理策略，倡导个体在面对深刻而强烈的悲观情绪时，采取一种主动而深入的态度，即充分沉浸于由事件所触发的伤痛体验之中。在此过程中，鼓励个体不加掩饰地释放其最真挚的情感，通过哀嚎或哭泣的形式均可以达到有效缓解心理危机、防止负面后果产生的目的。具体而言，哀伤辅导模式的核心在于引导个体直面并深刻体会由危机事件所引发的哀痛情绪，进而促使个体逐步接受现实状况。在此基础上，通过后续的自我调整与心理重建过程，帮助个体逐步恢复信心，最终实现从心理困境中解脱，并顺利步入新的生活阶段的目的。此模式体现了对个体情感需求的尊重与理解，以及通过科学手段促进个体心理健康发展的理念。

（三）平衡模式

在心理危机的初始阶段，适宜采用平衡模式进行干预。在此阶段，个体常面临心理与情绪的严重失衡，显现出显著的混乱与失控状态，既有的适应机制已无法有效应对当前情境。因此，干预的首要目标是促进个体心理与情绪的稳定，旨在帮助其恢复到危机前的平衡状态。尤为重要的是，在未达成一定程度的稳定之前，实施其他形式的干预措施可能并不适宜。这是因为，在此阶段，个体的心理状态较为脆弱，不当的干预可能加剧其心理负担，甚至引发不良后果。

（四）心理社会转变模式

心理社会转变模式，作为一套严谨的心理学理论框架，其适用范围明确界定为心理状态较为稳定的个体。该模式深刻揭示了自我与社会环境对个体心理的双重影响，强调在剖析危机根源时，必须全面考量心理危机的内在动因及危机个体所处的外部社会环境。鉴于此，当实施危机干预措施时，务必秉持理性与科学的态度，将危机个体的内在应对机制与外部环境中的支持系统紧密融合。外部支持系统，包括但不限于家庭成员、亲密朋友、同学等同属社会网络的成员，其在危机应对过程中发挥着不可或缺的支持与辅助作用。综合运用内外部资源，以促进危机个体有效应对挑战，实现心理状态的平稳过渡与恢复。

随着心理学理论体系的持续创新与实践探索的深入，心理危机干预模式亦在不断进化，展现出一种多模式融合的趋势。在此过程中，各种干预模式不再孤立存在，而是相互渗透，形成了一种灵活多变、不拘一格的干预框架。这种模式的非固定性旨在根据危机个体的具体状况和需求，灵活调整干预策略，以实现更为精准和有效的心理援助。

二、心理危机干预体系

心理危机干预体系，作为一项经过科学、系统规划的系统工程，其构建基于详尽的心理危机案例收集、整理、研讨与总结。这一体系进而演变成一套高效的心理危机干预机制，旨在通过系统化、层级化的结构，为相关部门的实际操作提供坚实支撑。该体系由核心母体系及若干子体系共同构成，其中，心理危机干预中心作为核心机构，发挥着不可替代的枢纽作用。该中心下设危机快速反应小组与心理咨询室等多个专业部门，各负其责，协同运作。危机快速反应小组在应对突发危机事件时，能够迅速集结，果断行动，有效遏制危机蔓延，将潜在危害降至最低。而心理咨询室则专注于心理普查的深入开展，建立详尽的心理档案，对个体的心理发展进行持续跟踪与评估，特别是对高风险群体实施重点监控，旨在防患于未然，防止心理危机的突然爆发。心理危机干预体系通过强化各网络节点之间的紧密联系与高效协作，实现了对危机个体的及时预警与有效干预，确保了危机处理的迅速性、准确性与全面性，为危机中的个体提供了最为坚实的心理支持与救助。

三、心理危机干预原则

危机干预的首要前提是危机个体需展现出接受干预的明确意愿，此为基础且不可或缺，否则干预措施可能无法达到预期效果，甚至可能适得其反，加剧危机状况。

其次，在危机干预过程中，我们的核心任务是辅助危机个体采取适宜的策略积极应对所面临的危机。重要的是，我们的角色是引导与激发，而非替代与包办。我们应致力于促进危机个体自身能力的发挥，鼓励他们运用内在力量去克服挑战，而非仅仅解决表面问题，以免陷入"治标不治本"的困境。

最后，根据危机个体的具体状况，我们需为其提供针对性强、有效的信息支持，这些信息应有助于减轻其心理痛苦，并增强其心理韧性，从而助力其更有效地应对危机挑战。

四、心理危机干预步骤

心理危机干预的标准流程严格遵循以下四个核心环节。

（一）问题全面评估

首要步骤是对所面临的心理危机进行详尽而系统的评估。此过程需明确界定导致个体陷入危机的具体事件、个体当前的心理状态、其对危机事件的情感反应，评估其是否存在自我或他人伤害的风险，回顾其过往的应对策略以及当前可动用的资源与支持系统。

（二）周密计划制订

进入决策阶段后，基于全面的评估结果，危机干预专业人员将着手制订旨在实现特定干预目标的行动计划。这些目标包括但不限于恢复危机前的心理平衡、消除负面情绪、促进个体重新融入社会与生活。计划内容应涵盖与危机干预团队的合作安排，直至个体能够独立应对危机，同时确保个体自身或外部环境能持续提供必要的支持资源。在规划过程中，应充分尊重并考虑危机个体的自主决策能力，以合作的方式共同确立恢复心理平衡的具体步骤。

（三）精准干预实施

干预实施是整个流程中的关键环节，要求危机干预人员具备高度的专业素养和敏锐的洞察力。在此阶段，需准确识别危机的本质，并把握最佳干预时机。干预人员应准备多种有效的干预策略，并与危机个体进行深入交流，共同选择最适合其个体情况的干预方案。主要目标在于稳定并缓解个体的情绪压力，引导其正视并改变现状，确保干预措施的有效执行。

（四）效果持续监测与反馈

为确保干预效果的最大化，需对干预措施的实施效果进行持续监测和评估。根据评估结果，及时调整干预计划，以应对可能出现的变化和挑战。当危机个体的情绪状态趋于稳定，且具备自我应对能力时，应适时结束干预治疗，以避免产生过度依赖。在干预结束阶段，应强化危机个体对新应对策略和技巧的理解及掌握，鼓励其在未来面对类似困境时能够自主运用这些技能解决问题，从而有效预防危机的再次发生。

五、心理危机干预的注意要点

（一）心理危机干预是一种心理服务，而不是程序化的心理咨询

心理危机干预与心理咨询和治疗既相互联系又存在区别（见表2.1）。心理危机干预是短程、紧急的心理咨询和治疗，其本质上属于心理咨询和治疗的范畴。但是，心理危机干预以解决问题为主，一般不涉及个体的人格塑造，干预时机以急性阶段为宜。

表2.1　心理危机干预与心理咨询和治疗的区别

对象及原则		心理危机干预	心理咨询和治疗
对象	情感方面	反应受损，不能了解自己的情绪状态	情感表现良好，理解和体验
	认知方面	不合逻辑的思维和推理	认识到行为与后果、合理与不合理的联系
	行为方面	失去控制能力	有行为控制能力
原则	诊断	迅速进行检查	完整的检查评估
	治疗	侧重目前的创伤应激内容	侧重基本的潜在的因素和整体
	计划	目前减轻危机症状的需要	长期治疗的需要
	方法	有时限，简化技术，立即控制或消除	多种技术，短、中、长期的治疗效果
	目标	恢复到危机前水平	总的功能状态

（二）心理危机干预的最佳时间为遭遇创伤性事件后24至72小时

一般情况下，个体遭遇创伤性事件24小时内不进行心理危机干预；72小时后，心理危机干预效果有所下降；4周后，心理危机干预效果显著下降。

（三）心理危机干预方法为最简易的心理咨询方法

心理危机干预方法通常是为了在个体面临危机事件或情绪困扰时提供即时、有效的支持和帮助。在处理心理危机时，可以使用净化倾诉、心理支持、松弛训练、集体减压等方法。

（四）心理危机干预必须与社会支持系统结合起来

心理危机干预通常需要与社会支持系统结合起来，这样可以更加全面地支持个体的心理健康和应对能力。在进行心理危机干预时，应鼓励个体利用其社会支持系统，或者在必要时帮助个体建立更强大的支持网络。这种综合性的方法能够有效地促进个体的心理健康和整体的幸福感。

六、常用的心理危机干预技术

（一）沟通技术

沟通技术在心理危机干预中发挥着至关重要的作用，有助于建立信任关系，确

保信息的有效传递，促使个体表达并探索情感和困扰。常用的沟通技术包括提问技术、即时化技术、沉默技术、自我表露技术、面质技术。

1. 提问技术

提问技术，指咨询师为了鼓励来访者进一步表露，使得咨询过程进行下去，在必要的情况下配合来访者的问题和咨询的目标，向来访者提出相关问题的技术。在心理咨询的专业领域内，提问技术被视为一种至关重要的工具，旨在深入挖掘并明确来访者的内心世界，进而推动其自我认知与情感表达的深化。该技术涵盖了开放式提问与封闭式提问两大核心要素。开放式提问，通过运用如"什么""为什么""如何"等词汇，构建了一个开放、非限制性的对话框架，鼓励来访者就个人经历、情感反应、思考过程及具体情境等方面展开详尽而深入的阐述。此策略在咨询初期或议题转换之际尤为重要，能够有效促进来访者的主动分享，为咨询进程的深入奠定坚实的基础。与之相对，封闭式提问则侧重于通过"是不是""有没有""要不要"等具有明确指向性的提问方式，实现对会谈内容的聚焦与信息的有效搜集。随着咨询过程的深入，封闭式提问有助于咨询师对会谈信息进行系统整理与条理化，确保讨论能够紧密围绕核心议题展开。同时，在来访者叙述偏离主题时，封闭式提问也能发挥有效的引导作用，帮助会谈回归正轨。然而，值得注意的是，封闭式提问的使用需谨慎适度。过度依赖此类提问方式，可能会削弱来访者的表达动力，抑制其自我探索的积极性，从而对咨询关系的建立与维护产生不利影响。因此，在心理咨询实践中，咨询师应灵活运用提问技术，根据咨询进程与来访者反应的实际情况，适时调整提问策略，以确保咨询目标的实现与咨询效果的优化。

2. 即时化技术

即时化，亦称立即性或即时性，旨在要求咨询师精准捕捉并妥善处理咨询现场即时发生的各类状况。这一技术不仅涉及对咨询关系动态变化的敏锐洞察与灵活应对，还深入到来访者特定的情绪表达与行为模式之中，实施即时的解析与干预。即时化技术的核心应用，聚焦于咨询过程中可能出现的各类复杂情境，特别是当咨询师敏锐地察觉到来访者展现出异常的表情、行为，或是咨询进程遭遇沉默、关系紧张乃至特定氛围的形成时，该技术便成为不可或缺的干预手段。在运用即时化技术时，咨询师需秉持高度自律与专业素养，采用第一人称"我"的视角，坦诚而恰当地分享个人在咨询过程中的真实感受与体验，避免采用"你让我"等可能引发误解或防御反应的表述方式。同时，在描述来访者的想法、行为或情感时，务必坚持客观、中立的原则，运用描述性语言进行精准刻画，严格避免任何形式的主观评判或偏见。通过即时化技术的应用，咨询师与来访者之间能够建立起更为深刻、真实的情感连接，促进双方对当前咨询状态的共同审视与深入探索。这一过程不仅有助于增强来访者的自我觉察能力，引导其更加清晰地认识并理解自己的内心世界，还能够为咨询进程的深入发展奠定坚实的基础，推动咨询目标的有效实现。

3.沉默技术

沉默技术，指的是在咨询进程中，当来访者因特定缘由无法继续当前讨论内容而陷入沉默状态时，咨询师采取的策略是接纳并允许这一沉默状态的存在，使会话暂时进入暂停状态。咨询师此时需仔细观察来访者非语言行为的变化。来访者可能完全沉溺在自己的内心世界中，或许正思索着是否将难以言说的经历坦诚表达，或是正抽丝剥茧地查阅自己细碎的经历，想要理出头绪。沉默技术可以使用在咨询的任何时刻、任何阶段。只要来访者出现沉默反应，咨询师即可以使用沉默技术。咨询师允许来访者沉默，可使沉默后所继续的谈话内容更能够反映来访者问题的重点，有助于实现良好的咨询效果。

4.自我表露技术

自我表露技术，旨在恰当的时机，通过咨询师主动分享自身与来访者相似或相关的经历，以促进来访者对其内在感受、思维过程及行为后果的深刻理解。此技术不仅旨在深化来访者的自我认知，还旨在通过积极启示，引导其正视并应对所面临的问题。在咨询框架内，咨询师常被来访者视为解决问题的权威角色，加之问题本身的复杂性与长期性，可能导致来访者产生自我贬低情绪，而将咨询师过度理想化。自我表露技术的应用，旨在通过展现咨询师的人性面与局限性，削弱这种非理性的依赖与崇拜，促进双方关系的平等化。在此基础上，来访者能够更为理性地看待自我与咨询师的角色定位，增强对问题解决的责任感。当来访者观察到咨询师亦曾面对并克服类似挑战时，其自我效能感将得到显著提升，进而以更加客观与积极的态度审视自身问题。这种心态的转变，有助于来访者鼓起解决问题的勇气，并激发其内在潜能。值得注意的是，自我表露技术的实施需严格遵循咨询伦理与专业判断。它应在咨询关系稳固且确信此举有助于来访者问题解决的背景下进行。这一技术不仅能够巩固咨询师与来访者之间的信任纽带，还能激励来访者更深入地剖析与探讨问题核心，从而引导其形成更为成熟与理性的问题视角。

5.面质技术

面质技术，又称对峙、对抗等，指咨询师指出来访者身上的矛盾（言语或非言语上的不一致、逃避面对自己的感受与想法等），构成对来访者的一种挑战，以协助来访者对问题有进一步的了解。咨询师的面质虽然不是批评、责备，但是仍然容易引起来访者的反感，因此咨询师使用面质技术时，要先配合使用同理心技术或情感反映技术。面质作为咨询过程中的一种重要手段，其核心价值并不在于评判来访者的对错或品行，亦非为咨询师提供表达异议的契机。其本质在于，通过直接而清晰地指出来访者内在的矛盾、混乱以及不一致的态度、观点或行为模式，引导来访者深入探索并理解其个人感受、行为及其所处环境的复杂性。此过程旨在激发来访者自我审视的能力，促使其摒弃防御心理，正视自身及现实状况，进而激发其采取积极、建设性的行动。同时，面质还有助于促进来访者实现其内在言语与外在行为、理想自我与现实自我之间的和谐统一，并使其认识到自身潜在的、尚未充分利用的优势与能力。此外，咨询师的面质行为还为来访者树立了榜样，培养了其将来能够自我面质或对他人面质的能力。面质技术的有效运用不仅有助于深化咨询关系的建立与巩固，还能够推动咨询过程的持续深入，促进来访者的全面发展与成长。

（二）支持技术

支持技术旨在尽可能解决求助者目前的心理危机，给予求助者心理支持，使求助者的情绪得以稳定，而不是急于纠正其认知错误或行为。心理支持技术可以应用暗示、保证、疏泄、环境改变、药物、短期住院治疗等方法给予求助者心理支持。在心理支持技术的实施过程中，对于求助者的咨询、引导和辅导，应聚焦于消除其自伤、自杀的消极观念，而非对引发这些观念的原因进行重复性的评估与阐述。此外，在整个干预流程中，应避免掺杂心理教育的目的。尽管心理教育同样是心理医生职责的重要组成部分，但其应被置于危机解除之后及康复阶段的核心工作之中，以确保其有效性和针对性。

（三）干预技术

干预技术，也称解决问题技术，以改变求助者的认知为前提，帮助求助者学习问题的应对方式和解决技巧。使用干预技术旨在启发、引导、促进和鼓励求助者，帮助其正视问题，获得新的信息或知识，探寻应对或解决问题的方法。在日常生活中，干预技术可以帮助求助者回避某些应激性情境，使他们接受心理援助；帮助求助者认识和理解危机发展的过程及诱因；帮助求助者疏泄被压抑的负性情绪；帮助求助者学习问题的解决技巧和应对方式；帮助求助者建立良好的人际交往关系，鼓励他们重视社会支持系统的作用。

第三章　大学生心理危机干预

　　大学生心理危机，作为发生在高校环境中的一类特定心理困境，其特点在于其独特的年龄阶段与学业压力等因素交织而成的复杂性。针对此，大学生心理危机干预工作显得尤为关键，它依托于科学心理学理论，旨在为遭遇心理挑战、困境乃至危机的学生提供及时、专业的心理援助，以助其恢复心理平衡，重燃希望之光。近年来，大学生心理危机事件频发，已引起社会各界的深切关注。在此背景下，关于大学生心理危机干预的研究不断深化，旨在更精准地识别危机类型、制定科学的干预策略、构建有效的干预模式，以及完善全方位的干预体系。

第一节　大学生心理危机的类型

　　目前，关于心理危机的分类尚没有统一的标准。本节依据大学生所处的环境范围，将其整体考察为一个生态体系，将心理危机的类型划分为四类，即个体型心理危机、家庭型心理危机、学校型心理危机和社会型心理危机。

一、个体型心理危机

　　个体型心理危机，特指危机现象在大学生个体中的体现。该群体普遍处于20岁左右的青春年华，他们怀揣梦想，对未来充满期待。随着我国高等教育体系的日益完善，更多适龄青年得以踏入大学校园。值得注意的是，众多高校往往聚集于大城市之中，形成所谓的"大学城"，这些区域内高校林立，学生数量庞大，成为当地社会的重要组成部分。鉴于大学生正处于心理与思想发展的关键阶段，其心理状态尚未完全成熟，对于外界环境充满探索欲与好奇心。同时，每位大学生的个性特征各不相同，在面对多元化的选择与诱惑时，其应对能力与适应性也呈现出显著差异。当遭遇复杂情境或挑战时，部分学生可能难以妥善处理，进而产生一系列心理问题。若这些问题未能得到及时、专业的干预与解决，则有可能演变为更为严重的心理危机。因此，个体型心理危机是指在大学生个体层面上，由于心理问题未得到有效处理而引发的危机状态。这一现象应引起社会各界的高度重视，以确保大学生的心理健康与成长发展。

二、家庭型心理危机

家庭作为社会构成的基石，其多样性与复杂性不容忽视。在探讨大学生群体时，家庭环境作为影响其心理构建与性格塑造的关键因素，显得尤为重要。一方面，那些成长于和谐、关爱满溢的家庭中的独生子女大学生，往往能够享受到更为充分的幸福感与安全感，这种积极的家庭氛围为他们的人格发展和心理健康奠定了坚实的基础。另一方面，也应正视那些处于不利家庭环境的大学生所面临的困境。这些困境可能源于家庭结构的动荡，如父母离异或家庭成员的缺失，也可能源自家庭氛围的紧张与冲突。在此类环境中成长的大学生，往往难以感受到家庭的温暖与支持，相较于同龄人，他们更容易出现幸福感和安全感的缺失，进而可能产生自卑等负面情绪，对其成长与发展构成潜在威胁。此外，突发的家庭变故，如父母亡故、家庭拆分组合、家庭成员变化等，都可能导致大学生产生不同程度的心理危机。

三、学校型心理危机

高校作为社会事业的重要组成部分，其在教学、科研、社会服务及文化引领等方面均承载着不可或缺的责任与使命。鉴于各校秉持的办学理念各具特色，从而孕育出丰富多彩的校园文化和学术氛围，如北大的兼容并蓄与清华的科学严谨，均是其独特魅力的体现。然而，随着高等教育事业的蓬勃发展，高校规模持续扩大，人员构成日益复杂，学生、教师与学校间的互动与摩擦也随之增多。近年来，学生心理危机事件频发，其背后往往与学校层面的某些规定与要求紧密相关。例如，部分高校对毕业生的学术成果设有硬性指标，如必须发表检索论文等，这无疑给部分学生带来了沉重的心理负担。同时，对于学业成绩不达标的学生，某些高校采取的直接降级处理措施，也可能加剧其心理压力。

四、社会型心理危机

大学生无论是在校内还是在校外，都不能脱离所生存的社会环境而单独存在。当前大学生面对的社会是复杂且多维的，既涉及校内社会也涉及校外社会，既包含现实社会又包含网络虚拟社会。大学生无时无刻不与社会的方方面面发生联系，接受来自社会各个方面的影响。但是由于个体差异的存在，不同大学生对于社会舆论、流行趋势、疾病疫情等会出现不同的反应和应对方式，这些都会给大学生的内心带来不同程度的冲击和影响，如若处理不当，大学生心理危机就可能出现。

第二节　　大学生心理危机干预原则

一、以人为本的原则

在处理高等教育机构中大学生心理危机事件时，必须坚定不移地遵循"生命至上"的核心理念。鉴于危机发生期间，个体常处于心理剧烈波动的状态，情绪极易失控，任何言辞或行为上的不慎都可能成为触发极端反应的导火索。对于可能出现的自杀、自伤等极端行为，其潜在后果的严重性不容忽视。因此，心理危机干预工作的首要任务便是确保学生的生命安全与财产安全，同时力求将危机事件的影响范围及损害程度降至最低。

针对大学生心理危机问题，高等院校应当充分展现其职能优势，积极联合广大师生资源，致力于强化大学生的心理素质教育。在多维度的教育层面上，不断提升大学生对心理健康及心理危机的深刻认识，增强其面对挫折的心理承受能力和自我调节能力。同时，应引导大学生以科学、理性的态度正视心理危机，鼓励他们主动寻求自我平衡之道，培养其对生命的深刻认识、珍视与尊重。在大学生心理危机的干预过程中，高校必须始终秉持人文关怀的核心理念，坚持以人为本的基本原则，以科学发展观为引领，针对不同层次、不同形式及不同需求的学生，提供全面、专业且个性化的心理援助。

二、快速反应的原则

鉴于心理危机具备显著的突发性特征，故心理干预系统需具备随时待命、迅速响应的能力。在高校大学生心理危机干预工作中，常态化的演练活动占据了举足轻重的地位。这些演练旨在科学评估高校心理危机干预体系的完善程度及运作机制的有效性。通过深入协作与紧密配合，高校各部门应携手构建一套科学严谨、高效有序、规范统一的心理危机应急处理机制与防御体系。此举旨在显著提升高校应对大学生心理危机突发事件的能力，从而确保校园环境及全体师生的和谐稳定与健康发展。

近年来，鉴于大学生心理健康问题的显著增多，我国众多高校已积极应对，正式成立了大学生心理危机干预工作小组。该小组依托于学校整体资源，精心构建了一个覆盖全面、层次分明的心理危机干预网络。在此架构下，学校、院系、班级、宿舍及学生个人紧密协作，共同肩负起预防、识别、介入及后续支持的职责。此体系确保了对学生心理状态的及时监测与评估，能够迅速锁定并关注到存在心理困扰的学生群体。同时，学校还积极推进心理健康教育，增强学生的心理素质与自我调节能力，力求从源头上遏制心理危机的发生。一旦心理危机事件出现，工作小组将立即启动应急机制，采取专业、有效的干预措施，防止事态恶化与蔓延。通过提供专业的心理咨询与辅导服务，帮助学生克服心理障碍，恢复正常生活与学习秩序。

三、科学管理的原则

心理危机管理作为一项系统性的工程，其解决过程需全面调动多方资源与力量。为确保高校大学生心理危机干预工作的顺畅进行，亟须加强相关工作的制度化、规范化及科学化建设。

在构建与完善高校大学生心理危机干预体系的过程中，首要任务是明确并深刻理解大学生心理危机的根本原因。这要求我们对心理危机的类型、起源及潜在趋势进行详尽分析，以确保高校能够在此类干预工作中发挥主导作用，采取针对性措施，取得显著的干预效果。此外，处理大学生心理危机时必须秉持科学严谨、有条不紊的原则。鉴于心理危机可能突然发生，且其发展过程复杂多变，高校需加强日常的心理危机应对演练，并充实相关资源储备。在危机真正发生时，高校应能够迅速、高效地调动各方资源，以科学、有序的方式应对，确保干预措施的有效实施。

第三节　大学生心理危机干预模式

一、自我干预模式

心理危机干预的核心主体为自身，其核心实施者乃危机中的个体。自我干预机制，是指处于心理危机状态的个体，需及时、自发地采取有效的应对策略，旨在缓解心理危机状态、消除症状，并最终恢复心理平衡的过程。这一过程强调了个体在应对心理危机中的主动性与责任感，是心理危机干预不可或缺的重要环节。

在心理危机的发展过程中，个体对自身的调控能力占据着举足轻重的地位。为了有效提升大学生心理危机的自我干预能力，加强大学生心理健康教育显得尤为必要且迫切。具体而言，首要任务是开展系统性的大学生心理健康教育课程，强化大学生的心理韧性，提升其心理素质，并教会他们如何进行自我教育，从而推动其自我干预与互助能力的全面发展，有效遏制心理危机的频发态势。其次，应当通过心理健康教育与丰富多彩的实践活动相结合的方式，进一步增强大学生的自我认知能力，促进其人际关系网络的建立与巩固，同时提升其沟通与协调能力，使其掌握积极应对心理危机的有效策略。最后，在课程与实践的深度融合中，应当积极引导大学生树立正确的世界观、人生观和价值观，深刻领悟生命的意义与价值，培养他们面对人生挑战时的坚韧与勇气，无论是遭遇挫折、顺境还是逆境，都能以平和的心态与坚定的步伐前行。

二、朋辈干预模式

心理危机常伴随显著的抑郁症状显现，如情绪低落、兴趣缺失、食欲下降及社交功能受损等。在此情境下，朋辈间的协助与心理支持对大学生心理危机的缓解显得尤为关键。同学间的倾听、分享与相互扶持，可有效减轻心理压力，提供情感支持。这是因为同龄人间心理沟通障碍较少，易于通过深入交流增进理解，从而能迅速且有效地进行心理危机的初步干预。因此，高校应当积极倡导并构建大学生心理危机朋辈互助体系。

具体而言，一方面需实施同伴监督机制，针对住宿制大学生，高校可以班级或宿舍为单位，选拔同年龄段、同性别的学生担任心理联络员。心理联络员需承担起建立同伴间信任，传播心理健康知识，定期向学校、院系及教师反馈学生心理动态的重要职责，确保信息的准确与及时传递。另一方面，需建立健全同伴支持体系，确保在心理危机事件发生时，同学间能够迅速响应，提供必要的陪伴与支持，共同应对挑战，促进心理危机的有效化解。此外，还应积极探索与利用多样化的沟通渠道，如网络、电话、短信等，以拓宽朋辈干预模式互助范围，提高互助效率，为大学生心理健康提供更加全面、有效的保障。

三、危机后干预模式

在心理危机管理的范畴内，及时且高效的干预行动是不可或缺的基石。然而，心理危机的处理并非一蹴而就，而是一个需要持续关注和深入干预的复杂过程，其中危机后干预作为收尾阶段，具有不可估量的价值。此阶段致力于发现并弥补心理危机干预过程中可能存在的疏漏，确保干预效果的全面性和持久性。通过实践验证，危机后干预策略对于防范自杀、凶杀等极端事件具有显著的预防作用，是保障个体心理安全和社会稳定的重要防线。

鉴于心理危机事件在高校中的潜在影响，针对经历此类事件的大学生群体，高校应将其视为危机后干预工作的核心对象。此类事件的发生，不仅直接对涉事学生造成深刻心理冲击，还可能波及其他学生，引发连锁性的心理反应，包括恐慌情绪及一系列负面心理状态的滋生，进而干扰学生的学业与生活秩序。心理问题具有复杂性及潜在的长远影响，若未能得到及时且专业的处理，学生可能因情绪失控而模仿危机行为，采取不恰当的应对策略，此即心理危机事件的"传染性"特征。因此，实施高效且系统的危机后干预措施，对于维护校园稳定、促进学生心理健康至关重要。高校应迅速响应，针对受心理危机事件波及的学生群体，制定并执行一套全面的危机后干预方案。这包括但不限于心理健康知识的普及教育、个性化的心理辅导服务以及团体心理辅导活动，旨在帮助学生重建认知结构，抚平心理创伤，消除负面情绪，并有效遏制心理危机事件的扩散趋势。同时，高校还需强化心理危机预警机制的建设，通过日常的心理监测、评估与咨询工作，提前识别潜在的心理风险，为及时干预提供有力支持。此外，通过构建积极向上的校园文化氛围，加强师生间的沟通与交流，也能在一定程度上减轻学生的心理负担，促进其健康成长。

第四节　"四位一体"干预体系的构建

当个体面临来自多方的心理压力，而自身难以及时调整与应对时，外界的支持与干预显得尤为重要。当前，尽管高校对大学生心理危机干预给予高度重视，但不可忽视的是，学生家庭与社会的角色同样不可或缺。因此，针对大学生心理危机干预，构建由个体、学校、家庭、社会共同参与的全方位支持体系（见图3.1）是当务之急。其中，高校作为教育的主阵地，应持续强化其主导作用，不仅需完善心理危机干预机制，还需深化心理健康教育，以提升学生的心理韧性与自我调节能力。同时，高校应主动搭建桥梁，促进与家庭、社会的紧密合作，形成协同效应。家庭作为个体成长的摇篮，其影响深远而持久。家长应提升心理健康意识，密切关注子女的心理状态，通过积极沟通、理解与支持，为子女营造温馨和谐的家庭环境，助力其健康成长。此外，社会层面亦需加大对大学生心理健康的关注力度，通过政策引导、资源投入、宣传普及等多种方式，营造全社会共同关注大学生心理健康的良好氛围。社会各界应积极参与心理危机干预工作，为大学生提供必要的心理援助与支持。综上所述，大学生心理危机干预是一项系统工程，需个体、学校、家庭、社会协同努力，形成强大合力，从而有效应对大学生心理危机挑战，促进大学生全面发展与健康成长。

图3.1　"四位一体"心理危机干预体系

一、个体要自强

当心理危机发生时，危机个体最先做出反应，出现症状。面对心理危机，个体应当有意识地在精神上、行为上做出自我干预，保持积极的心态，合理安排时间，不过度焦虑，自寻烦恼。因此，当心理危机事件发生时，大学生应学会进行自我调控，主动应对心理危机事件。如果自身不能应对和解决危机事件，则应主动寻求他人的帮助。然而，多数心理危机个体在性格特质上普遍展现出不同程度的不足，其中最为显著的是沟通障碍，即不擅长与人建立有效的交流渠道。在遭遇困境或挑战时，这类个体往往倾向于自我封闭，不愿或不会主动向他人倾诉自身的困扰或寻求必要的援助。这一行为模式无疑加剧了心理问题的累积与恶化，使得心理危机得以悄然滋生并蔓延。

二、学校要尽责

在大学生心理健康保障体系中，高校承担着核心的责任与使命。鉴于学生生活学习的主要场所位于校园内，因此，构建一个宿舍、班级、院系、学校四级联动的心理干预网络至关重要，这样可以全面发挥高校在心理危机管理中的主导作用。具体而言，宿舍内成员需相互扶持，避免孤立现象，通过积极的倾听与倾诉，为遇到心理困境的同学提供必要的心理慰藉，缓解其负面情绪，彰显人文关怀。在班级层面，设立心理委员岗位，负责监测并关注存在心理危机的学生，同时组织定期的心理健康交流会议，促进同学间的心理互助与理解。而在院系与学校层面，则需建立健全的心理危机应对机制，确保在心理危机事件发生时，能够迅速、科学地做出反应，及时安抚危机个体，并安排专人进行持续监护，以防止危机事件扩大化。此外，还应对全校学生进行全面的心理健康教育与辅导，以增强学生的心理韧性，预防因危机事件引发的次生心理问题。

个体心理素质的形成，是先天因素与后天环境综合作用的结果。在既定的先天条件基础上，后天的成长环境与教育经历对心理素质的塑造起到了至关重要的作用。对于大学生群体而言，其心理素质的提升与对心理健康相关知识的掌握程度密切相关。因此，高校开展针对大学生的心理健康教育显得尤为重要。为确保高校心理健康教育工作的顺利进行，必须构建一套完备的支持体系。这包括但不限于配备专业的心理健康教育人员、设立专门的心理健康教育场所、开设相关课程，以及建立相应的制度保障。高校应建立健全多级心理咨询与服务机构，定期面向全校师生开展心理健康知识的普及教育活动，确保心理健康教育的全面覆盖。同时，高校应将心理健康教育纳入整体的课程教育体系之中，通过精心设计的教学方案与教学内容，确保教育教学效果的达成。此外，还应定期组织心理健康教育领域的学术交流与研讨活动，不断提升心理健康教育教师与心理咨询机构人员的专业素养与能力水平。在心理健康教育的实施过程中，高校还应注重课堂教学与课外活动的有机结合。通过文字宣传、团体心理辅导、专题讲座、心理健康知识竞赛等多种形式，丰富校园文化生活，提升大学生的心理健康意识与水平。这些举措不仅有助于增强大学生的心理危机防范能力，还能引导他们深入思考生命的价值，树立正确的世界观、人生观与价值观。

三、家庭要辅助

在心理危机干预的过程中，家庭的角色显得尤为关键且不可忽视。家庭的支持与理解，构成了高校大学生心理危机干预工作的坚实基石。危机事件发生后，高校应第一时间与学生家长取得联系，利用家庭和亲情的力量，帮助危机大学生恢复自我意识、采取应对措施。家庭系统作为大学生心理危机的一个潜在因素，家长应理解心理危机干预体系运作机制，与专业人士合作制定策略。在干预过程中，保持理性沟通，优化家庭环境，引导孩子参与社会活动。

家庭配合高校开展大学生心理危机干预工作，一方面能够给予危机大学生支持和鼓励，帮助其积极应对危机，缓解负性情绪，并及时向学校反馈危机大学生的恢复情况；另一方面有助于高校了解和掌握危机大学生的成长经历和教育经历，可以使心理健康专业人员及时、有效地帮助大学生解决心理危机。

四、社会要支持

在构建全面且高效的大学生心理危机干预体系时，社会系统的支持显得尤为关键。高校应深入整合内部资源，如心理咨询服务、学生事务管理等，并与社会上的医疗机构、心理健康服务机构等形成紧密的协作关系，共同促进资源的优化配置与高效利用。当高校在心理危机干预方面遭遇能力瓶颈时，应及时、主动地与医疗机构等外部专业机构建立联系，确保受困学生能够获得及时、专业的心理援助。同时，社会相关机构也应积极响应高校的转介请求，承担起对转介学生的接收与干预工作，形成高校与社会之间的无缝衔接与协同合作。此外，为了进一步提升大学生对心理健康问题的认知与重视，高校与社会应携手加强心理健康知识的普及与宣传工作，通过举办讲座、开设课程、发布宣传资料等多种方式，营造良好的心理健康氛围，为学生的全面发展与健康成长提供坚实的保障。

社会应当致力于构建并持续优化心理危机援助体系，确保对经历心理困境的大学生个体或群体提供全面、有力的支持与援助，同时保障他们在校外也能获得专业机构的及时帮助与救治。此外，对于社会媒体在报道大学生心理危机相关事件时，应秉持审慎、负责任的态度，避免不当报道可能引发的心理危机"传染"现象。因此，针对大学生心理危机的社会支持系统构建，一方面应加强对处于心理危机状态的大学生的精神慰藉与实质性援助，助力他们早日走出困境；另一方面应建立健全对社会媒体的监管机制，引导其积极宣传报道战胜心理危机的正面案例，为广大学生树立勇于面对挑战、积极寻求解决方案的良好榜样，共同营造健康向上的社会心理环境。

第四章 大学生心理危机预警

第一节 心理危机预警

　　心理危机预警，作为危机管理在心理健康维护领域的核心环节，旨在危机尚未显现之际，对潜在的心理危机个体或群体实施系统性的心理评估。此过程不仅明确了预警对象的范围，更通过早期心理辅导等措施，将心理危机扼杀于萌芽状态。心理危机预警的核心目标，在于精准捕捉并辨识那些可能诱发心理危机的风险因素，从而迅速采取针对性的预防措施，有效应对心理危机的突发性和不可预测性。心理危机预警机制，凭借其预测、防范与应对危机的综合能力，成为维护社会心理健康稳定的关键防线。

　　在大学生心理危机干预工作中，心理危机预警机制的构建是至关重要的环节。它不仅是干预过程的核心阶段，也是高校心理健康服务体系中不可或缺的一环。构建科学、系统的大学生心理危机预警程序（见图4.1），旨在前瞻性地识别潜在的心理危机风险，确保在危机发生之初即能迅速介入，为受困学生提供及时且有效的心理援助，从而最大程度地减轻心理危机可能带来的负面影响。

图4.1　心理危机预警程序

一、心理危机预警的意义

（一）降低心理危机的发生率

　　心理危机在显现之前，往往伴随着一系列可辨识的预兆，这些预兆为预测心理危机的发生提供了可能。例如，一位原本性格开朗、社交活跃的学生，若突然展现出情绪低迷、行为孤僻的态势，生活作息亦变得不规律，且与同学、师长间发生不必要的争执，这一系列异常表现均可能指向其正面临心理危机的困境。构建一套完善的心理危机预警体系显得尤为重要。此体系旨在强化大学生的自我保护意识，使其深刻认识到心理危机的潜在危害，并提升其应对心理危机的能力。当大学生在日常生活中养成了对心理危机的警觉性时，他们便能更加敏锐地捕捉到自身或他人可能面临的危机信号，从而及时采取恰当的应对措施，通过自我调节来有效化解危机。因此，对于大学生心理危机的防控工作，我们应秉持早发现、早干预的原则，将心理危机扼杀于萌芽状态，以实现对大学生心理危机的有效预防，降低其发生率及可能带来的不良后果。

（二）弥补心理危机干预效果的不足

应对高校大学生心理危机时，必须秉持全面且审慎的态度，既需注重危机发生后的迅速与有效干预，亦应深刻认识到心理危机预警体系构建的重要性。心理危机预警体系旨在未雨绸缪，通过前瞻性的监测与分析，及时捕捉并应对潜在的心理风险因素，从而避免危机的实际发生，或在危机初现端倪时即行干预，以减轻其潜在影响。心理危机爆发后方才介入干预，虽能在一定程度上缓解危机造成的后果，却难以触及并根除个体内心深层的危机根源。因此，必须将心理危机预警与危机后干预视为一个不可分割的整体，通过二者的有机结合，形成一套既具有预防性又具有针对性的心理危机管理体系。高校应加大对大学生心理健康的关注度与投入力度，建立健全的心理危机预警机制，并不断提升危机干预的专业性与实效性。同时，加强对学生的心理健康教育与引导，提升学生的自我认知与情绪调节能力，以共同营造一个安全、稳定、健康的校园心理环境。

（三）促进大学生身心健康和校园的和谐发展

心理危机预警机制对于大学生群体而言，具有不可忽视的重要性，它深刻体现了增强大学生危机意识的迫切需求。通过系统化的心理健康教育活动，引导大学生全面而深入地理解心理问题的本质，进而树立起强烈的危机意识，并有效提升大学生应对心理危机的能力，从而全面促进和维护大学生的身心健康状态。在此过程中，高校应充分发挥其教育职能，将心理健康教育的理论精髓与实际情况紧密结合，为大学生提供科学合理的指导，帮助他们有效消除在生活、学习及人际交往等各个领域中所遇到的心理困扰或障碍，进而保持情绪的稳定与言行的适度。大学生危机意识的教育目标与心理危机预警机制的最终宗旨是高度一致的，均致力于确保大学生的身心健康，维护其良好的心理状态，为他们的全面发展奠定坚实的基础。此外，建立健全的心理危机预警机制，还能够在危机发生前，对潜在的心理危机个体或群体进行具有针对性和目的性的干预，从而有效控制危机事件的发展态势，进一步促进校园的和谐稳定与繁荣发展。

二、心理危机预警的对象

心理危机预警工作的核心聚焦于易遭受心理问题侵扰的大学生个体及群体，此类对象因心理承受力相对薄弱，故面临较高心理危机事件发生的风险，或已深陷危机之中。为此，高等院校应充分调动资源，采取多种措施，以精准识别并确立心理危机预警对象。具体而言，首要任务是依托大学生心理健康普查与筛查机制，系统性地构建学生心理档案与心理危机预警数据库。在此过程中，应运用专业心理测验工具，精准识别并筛选出存在神经症倾向（如焦虑症、抑郁症、强迫症、精神分裂症等）及自杀意念的学生，将其纳入心理危机预警数据库，作为重点监察与预防的对象。同时，建立健全大学生朋辈心理健康监督体系，将正面临重大心理创伤、罹患严重躯体疾病、遭受名誉损害或财产损失等应激情境的学生纳入预警范畴。学校心理咨询中心需对上述学生给予高度关注，通过咨询、记录等方式，及时掌握其心理状态变化，特别是对存在严重心理问题的学生，需实施更为严密的监控与干预措施。此外，还应充分利用班主任、辅导员及其他教师与学生的紧密联系，通过他们的日常观察与反馈，进一步确认并扩充心理危机预警对象名单，确保预警工作的全面性与有效性。

相关研究发现，大学生心理危机的高发群体主要包括以下几类：①学习压力过大、学习困难者；②性格内向、孤僻者；③个人感情受挫者；④人际关系失调者；⑤家庭经济负担重、家庭经济状况较差者；⑥不能适应环境变化、适应能力低下者；⑦遭遇突发事件（如家庭重大变故、自然或社会意外刺激）者；⑧有既往病史，患有心理疾病和躯体疾病者；⑨有既往自杀未遂史，家族中有自杀者；⑩受处分、违纪者。以上 10 类大学生为心理危机预警的重点关注对象。

三、心理危机预警的原则

（一）提前原则

大学生心理危机的显现，是一个循序渐进、不断累积的过程。鉴于此，高校务必秉持预防为主、防患于未然的坚定立场，实施及时且高效的心理危机预警机制，对于舒缓大学生心理压力、强化其心理素质及提升抗挫能力，进而恢复心理平衡，具有至关重要的意义。此外，大学生心理危机的发生，遵循着特定的科学规律，深入探究并揭示这些规律，将为有效预防大学生心理危机提供坚实的理论基础与科学指导。例如，在毕业前阶段，有学习困难、违纪处分、欠缴学费、就业受挫等状况的大学生即为心理危机预警的重点关注群体。关注这些大学生的心理状态，帮助他们解决现实问题，有助于避免心理危机的发生。重视大学生心理危机预警，帮助大学生积极、主动地应对心理问题，提高大学生自主解决问题的能力，能够促进大学生心理危机的消除。

（二）准确原则

心理危机的成因复杂，危机症状也存在个体差异。在开展大学生心理危机干预工作之前，至关重要的一步是实施详尽的心理危机预警评估。这一过程涉及对心理危机相关信息的全面发现、系统收集、及时报告与有效反馈，旨在精准识别可能面临心理危机的个体或群体。心理危机预警评估作为一项严谨而复杂的任务，其执行需遵循科学原则，将定量分析与定性分析紧密结合，确保评估结果的客观性与准确性。这一过程具有高度的动态性，要求评估者保持高度的警觉与敏锐的洞察力，以应对可能发生的各种变化，最终得出科学、合理且全面的心理危机预警评估结论。真实、准确的大学生心理危机相关信息，才能够保证大学生心理危机干预工作的准确性和有效性。目前，大学生心理危机干预尚缺乏科学、统一的心理危机预警评估标准，通常依据心理危机评估人员的主观经验，对心理危机预警信息进行判断，难以保证评估结果的客观性、准确性。心理危机预警评估对于心理危机干预工作的实施具有举足轻重的意义。一个准确的评估结果，能够确保心理危机干预工作从实际情况出发，针对遭遇心理危机的大学生的具体状况，实施具有针对性的心理危机干预前教育，从而更有效地帮助他们应对心理危机。相反，若心理危机预警评估结果存在偏差，将可能严重干扰对危机成因的准确判断，进而对心理危机干预的效果产生不利影响。这种影响不仅体现在干预策略的制定上，更可能削弱危机大学生对干预工作的信任，加剧其心理问题的严重性。

（三）及时原则

及时开展心理危机预警，在大学生心理危机干预中尤为重要。在确定心理危机预警的范围和对象后，应及时对心理危机高危个体或群体给予关心和关注，并及时将心理危机相关信息上报院系、学校相关人员和领导。心理危机因素的不断累积，可能造成心理危机的发生，因此，任何一个可能导致大学生心理危机的因素都不可忽视。当发现大学生存在心理问题时，无论严重程度如何，所在班级、院系、学校都应对其进行重点关注，及时上报心理危机相关信息，争取尽快将心理危机消除在萌芽之中。越早采取心理危机预警措施，解决心理危机的时间越短，心理危机干预的效果越好；反之，心理危机造成的损害越大、范围越广。

第二节　大学生心理危机预警系统的构建

建立大学生心理危机预警系统，有助于大学生心理危机的早期预防，采取相应的措施，实现及时、有效的大学生心理危机干预。大学生心理危机预警机制的构建，旨在系统地评估学生群体中心理危机事件发生的潜在风险。该机制将综合考量多种因素，包括但不限于学生个体的心理状态、外部环境因素以及学校现有的心理支持资源等，以科学严谨的态度对危机发生的现实条件进行深入剖析与预判。基于全面的评估结果，识别出心理危机的潜在威胁，预警机制将立即启动警报程序，确保信息能够迅速、准确地传达至相关责任部门与专业人员，从而启动有效的心理干预流程。心理危机预警系统不仅体现了对心理危机干预工作科学性与操作性的高度重视，也彰显了对大学生心理健康问题的深切关怀与责任担当。

构建大学生心理危机预警系统是一项系统性工程，亟须来自多个维度与层次的坚实支撑与紧密协作。首先，强化大学生自身的心理素质建设及心理危机应对意识，使其具备自我调适与危机识别的能力。其次，高校作为核心主体，需整合内部资源，构建涵盖宿舍、班级、院系至学校层面的全方位、多层次心理危机预警体系。此体系应充分发挥各部门的专业优势与协同效应，深化心理健康教育，为大学生提供及时有效的心理援助与危机干预。再者，家庭作为大学生成长的重要环境，其角色不可或缺。家长应摒弃唯成绩论的偏颇观念，转而关注子女的全面发展，特别是心理健康状况。保持与学校的紧密联系，共同参与到心理危机预防与干预工作中来。最后，大学生心理危机问题的影响深远，关乎学生个体的健康成长、家庭的和谐稳定、学校的安全秩序乃至社会的整体发展。因此，社会各界应秉持高度的责任感与使命感，为大学生心理危机预警系统提供必要的支持与协助。综上所述，为确保大学生心理危机预警系统的有效运行与持续优化，必须充分调动并整合高校、家庭及社会各界的资源力量，促进个体、学校、家庭与社会的深度融合与协作。通过构建个体—学校—家庭—社会四位一体的协同机制，共同为大学生的心理健康保驾护航，促进社会的和谐稳定发展。

一、个体层面

大学生个体是心理危机预警系统的工作重点。大学生心理状态容易受到各种因素的影响从而出现波动，大学生心理危机事件随时可能发生。因此，大学生自身要有心理危机意识，加强对心理健康的维护。很多大学生常常对正在发生或即将发生的事件产生困扰、担忧或恐惧。例如，学习困难的大学生为考试、毕业担忧；性格内向的大学生不善于人际交往；刚刚入学的大学生不适应新的环境；即将毕业的大学生担心面试失败、就业困难等。大学生在成长的道路上可能遇到各种各样的困难和挑战，遇到问题时要学会正确认识自我、接纳自我，肯定自我存在的价值，及时调整心理状态，采取积极的应对方法。

大学生心理危机现象既具有广泛的普遍性，又展现出显著的个体差异性。在遭遇心理困扰时，大学生应当首先从自我层面出发，积极调控自我意识，主动寻求必要的帮助与支持，以有效解决面临的问题，从而顺利度过心理危机。此外，大学生亦可通过积极参与课内外各类活动，来有效缓解心理压力，进而提升个人的心理健康水平。例如，阅读书籍不仅能够丰富知识储备，还能在潜移默化中提升个人修养；而参与体育运动，则有助于增强身体机能，恢复心理平衡，有效预防心理危机的发生，并可作为情绪宣泄的合理渠道，促进心理健康。

在大学生心理危机预警机制中，大学生个体需秉持高度的自我责任感与集体意识，切实履行两大核心职责。第一，应致力于提升个人心理素质，强化身心健康基础，积极培育与磨炼应对挫折的能力，以确保自身远离心理危机的侵扰。第二，大学生个体应勇于承担起监督与保护同伴的责任。在察觉到同学或同伴出现心理危机迹象时，应立即启动沟通机制，深入了解其心理状况，并果断采取行动，将相关信息及时、准确地反馈给班主任、辅导员或学校心理健康服务的专业人员。大学生心理危机预警机制旨在确保受困者能够及时获得专业的心理援助与治疗，进而最大限度地减轻心理危机所带来的负面影响，维护校园整体的心理健康环境与秩序。

二、学校层面

高校在建立大学生心理危机预警系统中发挥主导作用。在高校的心理危机预警体系中，各个部门和层级组织均占据着不可或缺的重要位置。宿舍，作为大学生共同生活的基本单元，如同一个个小型的"社会细胞"，在日常学习之余，为大学生提供了深入交流与相互了解的平台。鉴于宿舍成员间紧密的联系与相互影响，当某一成员展现出异常的心理状态或行为模式时，其他成员应当迅速、冷静地做出反应，通过积极的沟通、关怀与必要的协助，共同构建以宿舍为基石的初期心理危机预警机制。大学生心理危机预警机制旨在通过及时有效的监测与干预，确保大学生的心理健康得到妥善维护，从而预防心理危机的进一步发展与恶化。同时，还应及时向班主任、辅导员或学校心理健康专业人员反映情况，进行及时、有效的心理危机干预，防止心理危机的蔓延。

此外，在班级中设立心理委员，也是大学生心理危机预警系统的组成部分。朋辈之间的沟通交流更加简单、高效，有助于帮助危机大学生敞开心扉，及时缓解心理障碍。班级心理委员可以定期或不定期地在班级中宣传心理健康相关知识，组织开展一系列的心理健康相关活动，增强同学、师生之间的联系，为存在心理危机的大学生提供同伴支持。心理委员还需要了解和掌握班级同学的心理状况，及时向班主任、辅导员汇报，并协助班主任、辅导员与学生家长取得联系。班主任、辅导员老师也可以通过心理委员了解学生的心理状态，对有心理危机倾向的大学生给予关注。

高校心理健康教育机构在心理危机预警体系中扮演着至关重要的角色。在针对大学生心理危机预警的工作中，该机构遵循科学、系统的原则，运用标准化的心理评估工具，对入学新生实施全面的心理普查，旨在为每名大学生构建详尽的心理健康档案。此外，机构还致力于通过定期开设心理健康相关课程、组织心理健康专题研讨会，以及强化校园文化的构建，丰富校园精神文化活动，以促进全校师生的心理健康水平。为进一步提升心理健康服务的专业性和有效性，高校需结合本校的具体状况，组建由心理健康教育专家和心理咨询专家构成的专业团队，接受有目标、有计划的专业培训，深化专业理论知识，增强实际操作能力，从而为全校师生的心理健康提供坚实保障，维护学校的正常教学秩序和稳定发展。

三、家庭层面

家庭是大学生心理危机预警系统的基础。在针对大学生进行心理健康教育的过程中，高校应充分认识到家庭教育的关键作用，并主动强化同学生家长的沟通与合作。为了全面掌握学生的家庭背景，高校需积极收集相关信息，如父母的联系方式、家庭住址及家庭成员构成等，以便建立稳固的家校联系机制。在此基础上，高校应定期采用多种渠道，包括但不限于电话、网络通信平台及传统书信等方式，与家长保持密切联系，及时、准确地反馈学生在校的学习进展、生活状况及心理健康状态。此外，高校还应积极组织与心理健康教育相关的讲座、研讨会及家长教育活动，以科学、严谨的态度向家长普及心理健康知识，提升其识别与处理孩子心理问题的能力。通过家校双方的共同努力，为大学生的全面发展和健康成长营造良好的环境。

家庭是个体成长的摇篮，大学生心理健康发展离不开学校教育，更离不开家庭教育。家长需要学习和掌握与心理健康相关的知识，关注孩子的言行举止，重视并预防孩子心理危机的发生。当发现孩子出现心理危机时，应充分发挥家庭的力量，给予孩子理解和支持，并及时与学校进行沟通，帮助孩子度过心理危机，恢复心理平衡。

四、社会层面

社会是大学生心理危机预警系统的重要补充力量。建立社会心理危机辅助系统，有助于加强心理危机高危个体或群体的心理危机预警以及心理危机干预的及时性、有效性。例如，设立专门的医疗与援助机构，汇聚资深心理医生与心理专家的力量，构建完善的大学生心理危机预警机制，确保对潜在心理问题的及时发现与有效干预。此外，充分利用社会媒体平台，积极传播正面信息，倡导健康向上的世界观、人生观和价值观，营造一个有利于大学生心理健康发展的网络环境。对暴力、色情、颓废等消极内容进行严格监管，减少其对大学生的负面影响。同时，对心理危机事件进行深入剖析与报道，以提高公众对心理危机的认识水平，消除对心理问题的误解与偏见。通过多种渠道，如教育宣传等，增强公众对心理健康问题的关注与重视。一旦发现潜在的心理危机个体或群体，应迅速启动社区、居委会等基层组织的联动机制，及时将情况上报至相关部门，以便采取有效的措施进行干预，减少心理危机对个体及社会的危害。

第五章　大学生心理危机预防主题教育

第一节　生命教育

　　从出生开始，个体经历不断的学习和成长，直到生命结束。大学阶段是个体学习和成长的重要阶段。对大学生进行生命教育，通过各种方式唤醒大学生的生命潜能，能够使他们认识到生命价值的意义，促进大学生珍视生命，感受美好，逐步实现和完善自我。

一、生命教育的基本概念

　　生命，作为人类存续与进步的基石，其定义在不同学科领域内展现出显著的差异性，尚未达成共识。在生物科学的范畴内，生命被界定为由高分子化合物，如蛋白质及其他相关材料所构成的一种非凡现象；而在法律体系中，生命则具体指向法律主体自诞生至终结的整个历程；至于医学领域，生命则被定义为具备新陈代谢、生长发育、繁殖后代以及适应环境等活性特征的生存状态。这些定义均体现了生命本质的复杂性和跨学科性。

　　由于研究领域、思考维度存在差异，不同学者对生命教育也提出了不同的见解。从生命整体性的角度来看，认为生命教育关注人的发展需要，开展以生命之真、生命之善、生命之美为主题的教育；从生命问题的角度来看，认为生命教育主要是预防和解决生命问题，加强生命安全意识，提高自我保护技能，维护学生的身心健康和财产安全；从生死教育的角度来看，认为生命教育是对"生""死"进行辩证分析，开展死亡教育，感悟生命的价值。

　　将不同角度的研究结论进行整合，我们可以得出结论：生命教育不仅是理论教育，更是情感教育和实践教育。在个体的成长过程中，生命教育能够引导他们感悟生命、珍爱生命、敬畏生命、升华生命，帮助个体认识生命的本质和价值，促进自我意识和自我调控，提高个体的身心健康水平。

（一）感悟生命

　　感悟生命是生命教育的首要环节，主要包括以下几个方面：第一，认识自然生命。生命依赖于躯体而存在，因此，生命具有客观性、自然性。个体的生命认知，是建立在自然认知的基础上的。生命教育应首先引导个体理解自然生命的概念，帮助他们认识自然生命的发展规律和阶段特征。第二，感知社会生命。个体具有社会性，个体与社会存在密不可分的关系。正确认识社会生存、社会角色、社会责任，有助于个体理解生命的社会属性，增强个体的社会生存能力和社会适应能力。第三，感悟精神生命。精神属性是人类的特有属性，超越客观现实和社会关系而存在。精神属性在个体生命的发展过程中，发挥引导和安慰的作用。知识的不断积累，有助于个体精神境界的提升。因此，精神世界有赖于个体的学识与智慧，只有不断提升自身各方面能力和素质，才能够实现精神世界的丰盈。此外，精神境界在一定程度上取决于个体的道德水平。具有高尚道德水平、社会奉献精神的个体，往往精神世界更加丰富。

（二）珍爱生命

珍爱生命是生命教育的重要环节之一。生命是唯一且不可重复的，每个个体都应该珍爱生命。首先，悦纳自我。个体只有真正地喜欢自己，接纳自己的优点和不足，才能珍爱自己的生命，减少对生命的漠视，从而做到关注生命、善待生命、呵护生命。其次，死亡教育。死亡是一种生命形态，既包括自然属性的死亡，也包含精神属性的死亡。个体的自然生命终止后，其精神生命仍可能依然存在。例如，优秀历史人物去世后，他们的思想、精神、理论、观点等仍在后世流传和延续，对他人、社会，甚至是国家、民族都产生了一定的影响。正确认识和看待死亡，才能真正地珍惜、爱护生命，勇敢面对人生中的困难与挑战，促进个体身心健康发展。

（三）敬畏生命

敬畏感是生命的自身特性，探究生命敬畏感是生命教育的重要议题。敬畏感使人类摆脱动物性，成为有思想、有道德的人。敬畏生命是个体对自我内外关系的关注和探索，体现出个体对自然生命的尊重、对社会生命的理解和对精神生命的审视。敬畏生命使个体意识到自我与社会的关系，促进自然生命、社会生命、精神生命的协调统一。缺乏生命敬畏感的个体，无法真正认识到生命的珍贵、崇高与神圣。因此，对生命存有敬畏感，不仅能够促使个体观察自我，以及思考自我与其他生命的关系，还有助于个体保持稳定的心态，积极面对和处理心理失衡。

（四）升华生命

升华生命，是指实现个体的生命价值和生命意义。生命意义在个体成长过程中，不断变化、不断超越，体现了个体的自然属性和主观能动性。生命意义感，是个体对自我存在目的和生命价值的感知，以及在过去的经验和已完成的目标中获得的成就感和满足感。升华生命，包括自然生命、社会生命、精神生命三个方面的提升。升华生命的本质，即为生命价值观与社会价值观的统一。在生命教育过程中，应遵循学生身心发展规律，重视个体生命价值与社会价值的关系，引导学生思考自我生命意义，正确定位自己，充分发挥主观能动性，真正实现自我价值。

二、生命教育的原则

生命教育原则的规范，有助于高校正确开展大学生生命教育。大学生生命教育应坚持实践原则、情感原则、互动原则、渗透原则，拒绝大学生生命教育表面化、形式化、低级化。

（一）实践原则

个体成长是一个由"外"向"内"的转变过程。只有通过实践行动，个体才能利用外在资源，并将外在资源逐步内化，实现个体身心的协调发展。实践是探寻生命意义的重要途径，能够激发个体的生命活动，并将其转化为个体行为。生命教育应以生活实践为基础，将生命教育的思想和理念与个体的行为体验相结合，成为个体生活中的一部分。因此，高校开展生命教育时，要遵循实践原则，将生命教育与现实生活相结合，为大学生提供真实、具体的教育情境，使其能够体验和感知人生，感悟生命的意义，促进身心健康成长。

（二）情感原则

情感与认知的有机结合构成了完整的个体。个体的身心健康发展，不仅依赖于认知的提高，也离不开情感的需要。无论是认知学习还是行为学习，都需要情感的参与。情感作为一种内在体验，回应个体的需求，并在爱、恨等观念中建立联系。情感体验不仅过程丰富，同时也影响着个体的行为。生命情感是个体在与外界的互动中，通过生命体验和感受形成的。美好的生命情感，通常伴随着丰富而深刻的情感体验。高校大学生正处于认知的转型期，容易出现各种各样的情感困惑。因此，高校大学生生命教育应坚持情感原则，以温情的教育态度对待学生，培养学生的生命情感，激发他们自主学习的热情和兴趣，促进其情感朝积极的方向发展，并获得良好的情感体验。同时，通过开展生命教育，引导大学生建立与自我、他人、社会以及自然的和谐关系，形成积极向上的人生倾向，提高自身整体素质，促进自身全面发展。

（三）互动原则

生命是一个动态且多维度的互动进程，其本质在于通过持续的内外交流，为个体生命赋予深远的目的与意义。一个全面发展的个体，其成长不仅仅局限于知识与技能的积累，更需构建并维系与外部环境和谐共生的关系网络。生命从不是孤立存在的现象，它的活力与发展深深植根于复杂的社会关系之中。个体在与他者的生命互动中，不仅要关注自我成长，更应积极投身于广阔的社会实践，通过与他人的深入交流，不断塑造并丰富自身的社会关系网络，从而在实践中探索并实现生命的深层价值。鉴于此，高校在推进大学生生命教育时，应秉持开放与包容的理念，将教育视野从单一的校园环境拓展至家庭与社会等多元领域。通过整合不同环境的教育资源，引导学生不仅关注个人生活世界的构建，更要勇于承担社会责任，积极参与社会服务，以此激发其生命潜能，促进其全面发展。生命的价值，正是在这一系列的互动与实践中逐渐显现并得以升华。它促使个体在追求自我实现的同时，也推动着社会的持续进步与改造，形成了一个既相互独立又紧密相连的连续统一体。

（四）渗透原则

教育是一个长期、持续的过程，需要坚持不懈、潜移默化，急功近利往往适得其反。高校大学生生命教育的实施，需构建一个有益于学生全面发展的教育环境，通过"春风化雨"般的教育方式，使学生在无形中受到熏陶与启迪。在此过程中，应充分利用环境的积极作用，将其与生命教育相结合，为学生营造一个充满教育意义的学习环境，以发挥环境的潜在教育功能。作为生命教育的主要推动者，高校应承担起引领和指导的责任，而教师则是具体执行这一教育任务的重要力量。在教育实践中，教师应采取"润物无声"的教学策略，既尊重学生的个性差异，又关注他们的情感与心理需求，以理性、公正的态度对待每一位学生。同时，教师应积极与学生建立情感联系，通过关爱与引导，为学生创造一个有利于其成长与发展的教育环境，使学生在潜移默化中受到教育与熏陶，从而实现生命的全面发展和成长。

三、生命教育的主要内容

在推进高校大学生生命教育时，应坚守以人为本的理念，深入分析学生实际，关注其身心需求。通过多元化活动和课程，引导学生树立正确观念，培养积极的态度和应对挑战的能力，全面关注学生发展，为社会培养高素质人才。高校大学生生命教育应围绕自然生命、社会生命和精神生命展开，引导学生不断拓展生命的深度、广度和高度。此外，高校在推行大学生生命教育时，应着重强化学生的生命意识与责任感，这是构筑其全面发展的重要基石。高校通过系统的教育引导，使学生深刻理解生命的尊贵与脆弱，进而树立起珍视与尊重生命的理念。同时，培养学生对自我、家庭、社会及未来的责任感，明确其作为社会成员的使命与担当。

（一）自然生命教育

自然生命，作为三大生命领域（自然生命、精神生命、社会生命）中的基石，具有不可替代的重要性。自然生命是个体存在的本质形式，也是个体生存的物质载体，包括原始的生命冲动和生命本能。自然生命教育主要涉及生命健康教育和死亡教育。

1.生命健康教育

刚刚进入高校的大学生，通常对与生命健康相关的知识了解得较少，如对自身生理结构不熟悉、处理自我情绪的能力有限、缺乏急救技能等。因此，开展大学生生命健康教育迫在眉睫。健康不仅仅指身体健康，还涉及心理健康。生命健康教育主题涵盖生命起源、生命发展、生理结构、安全知识以及生存技能等方面。生命健康教育能够帮助学生认识到生命健康的重要性，引导学生强健体格、完善人格，促进身心健康发展。此外，大学生生命健康教育还应开展安全救护相关培训，帮助学生掌握保护生命和应对意外事件的方法与技能，并能够在保障自身生命安全的情况下，对他人提供及时救护。

2.死亡教育

生命的终结，即为死亡。高校大学生生命教育不应回避死亡或对其讳莫如深，而应引导大学生正视并理解死亡。首先，强化大学生的死亡意识。在中国，谈论死亡常常被视为禁忌，大部分人会选择回避。然而，只有真正地认识和理解死亡，才能感悟生命的珍贵和价值，尊重生命、敬畏生命。高校开展大学生死亡教育，能够帮助大学生认识生命的有限性，明确生与死的界限，保持对他人的爱心和友善，珍惜和尊重生命。其次，引导大学生正确看待挫折。许多大学生因学业压力、生活困境或情感问题而产生轻生的念头。然而在人的一生中，经历挫折只是其中的一部分，不应将挫折灾难化、扩大化，甚至对生命产生绝望感。因此，正确看待挫折也是高校大学生生命教育的内容之一。通过引导大学生正确看待挫折，加强他们对挫折的接受程度，提高其面对困难、承受挫折的能力，增强生命的承载力。

（二）社会生命教育

社会化是个体成长的核心过程，换句话说，成长的本质就是社会化的过程。高校大学生生命教育中的社会化，旨在培养具备社会责任感和时代发展性的新一代青年群体。开展大学生社会生命教育，能够促进大学生个体的身心健康发展，为构建和谐社会提供内生动力，保障社会整体向积极方向发展。

1.生命幸福教育

幸福感是个体身心健康的体现。个体生命的成熟，在于建立充满爱的关系。生命关系的建立是一个不断延伸和拓展的过程，通常以家庭作为起点，经过熟人、陌生人，再到与世间万物相联系。充满幸福感的生命关系源自个体的家庭生活，即亲情，如父母、子女、兄弟姐妹、夫妻之间的关系。从现实角度看，个体对更好生活的追求，本质上是为了建立幸福、快乐的生命关系。因此，在高校大学生生命教育中，应引导大学生建立充满爱和幸福感的生命关系，帮助他们理解家长的关爱，培养孝顺意识；加深对爱情和友情的认识，培养建立亲密关系的能力。此外，大学生生命幸福教育要从教育理念、教育内容、成果评估等方面对生命幸福教育进行优化，帮助大学生树立正确的生命幸福观。

2.生命发展教育

个体生命的发展是一个长期、整体的过程，不仅指个体自身的成长，还需要与社会的发展进程相一致。个体在其生命周期内，应当秉持一种发展性的视角，对生命过程进行全面而深入的审视。首要之务，在于全面且深刻地理解社会的发展动态与趋势。为此，高校在实施大学生生命发展教育时，应当积极引导并辅助大学生，从自身需求与社会需求两个维度出发，精心制订个人的人生规划，并引导其积极、合理地规划大学生活，以确保其能够为未来的人生发展奠定坚实的基础。明确并理解个人发展与社会发展的双重需求，并据此设定合理且具前瞻性的个人发展目标与方向，这是实现个人价值与社会贡献的重要前提条件。其次，个体在生命过程中，还需妥善处理自我与社会之间的关系。作为社会性生物，个体通过参与社会实践活动，不断验证并调整自我目标与社会需求之间的契合度。因此，高校在生命发展教育的过程中，应当注重引导大学生通过实践活动，不断进行自我调整与更新，以增强其对"社会性"的深刻理解与实践能力，从而帮助大学生学会如何在保持个性独立的同时，积极融入社会，实现个体与社会的和谐共生与共同发展。

（三）精神生命教育

精神生命体现了个体对丰富精神世界的向往和追求，反映了生命的深度和实现自我价值的期望。生命教育应以正确的生命观和价值观为基础，构建个体的精神家园，提升精神境界，促进个体实现从自然生命向精神生命的跨越。因此，高校大学生生命教育应重视精神生命教育，引导大学生成为精神世界丰富的个体。

1.生命信仰教育

信仰是个体对生命价值的坚定追求，体现了个体的情感和经验，影响着个体的价值观的形成。信仰不仅是个体对生存背景、条件和结局的全面反映，也是对自身与外界关系的认识和调整，以及对人生目标的确认和追求。在大学生群体中，信仰常常反映了他们对生活和社会的真实思考以及时代的普遍问题。因此，高校大学生生命信仰教育，应引导大学生正确认识生命价值，积极追求人生目标。同时，加强大学生对社会主义核心价值体系、民族精神和时代精神的理论认同，鼓励他们将道德修养转化为内在动力，培养大学生优良道德品质、健康心理和高尚情操。此外，开展大学生生命信仰教育，应组织丰富的社会实践活动，使中华优秀文化成为大学生的信仰支柱，融入学生生活，并得以延续和传承。

2.生命境界教育

生命境界，作为人类精神世界的深刻体现，不仅映射出个体对生命本质的独到见解，也彰显了在特定历史脉络或发展时期中，个体生命实践所累积的宝贵经验。关于生命境界的观念，其核心涵盖了对人格境界与道德境界的深刻理解，以及对于理想生活图景与心理状态的崇高追求。首先，塑造卓越品质是升华生命境界的基石。卓越的生命境界，其核心在于个体品质的精进，对个体存续与发展以及社会整体进步均具有深远且积极的影响。实现良好的生命境界，需要通过心灵的感染和言行的影响。其次，大学生生命境界教育，应致力于促进大学生思维和认知的发展，引导他们理性辨别是非。个体思维和认知的发展，不能通过"教导"和"灌输"来实现，而是需要进行平等的师生对话。当学生感到迷茫、困惑时，教师要引导他们调控自我意识，提高生命境界，恢复心理平衡。最后，大学生生命境界教育，应体现大学生个体生命的自由性，建立以自由为核心的教育理念，为学生提供自由发展的空间。在生命境界教育过程中，教师应扮演引导者的角色，给予学生自由发展的机会，促进学生的独立成长。

3.审美教育

美学的最终境界，在于对美好生命的追求。生命的美学观念主要体现在展示美、需求美、拥有美、体验美和创造美五种存在形态。精神世界的贫乏，不仅对个体的身心发展产生负面影响，还可能对整个民族的精神面貌产生不利后果。审美教育，对于提高个体的审美素养具有积极作用，能够将生命的外在目标转化为内在的生命体验，促进个体精神世界的丰盈。对高校大学生开展审美教育，通过美学感知、美学想象、美学修养、美学创作等方面的教育，能够培养促进大学生身心健康的生活情趣，提升大学生的生命境界。

四、生命教育的对策和方法

生命教育能够促进个体的身心健康成长，实现个体心理和行为的改善。高校大学生生命教育应从三个维度构建路径（见图5.1）：即"理论解析"，为生命教育提供理论基础；"情感联结"，与学生建立情感上的共鸣；"场域体验"，通过实践活动增强体验感。建立多维度相结合的生命教育路径，有助于从整体上优化教育目标，实现生命教育的目的和意义。

图5.1　生命教育路径构建

（一）理论解析

在深入实施理论教育的过程中，生命教育内容的解析与学习显得尤为重要。针对高校大学生群体，生命教育理论的解析工作，其核心聚焦于课程体系的优化与构建。此过程需秉持严谨态度，细致观察并深刻思考，旨在构建一套契合大学生身心特征与发展规律的生命教育课程体系，进而完善生命教育教学模块的整体架构。生命教育教学模块的设计，应全面涵盖思想政治理论课、生命教育专题选修课以及课程思政等多个维度。

1.将生命教育融入思想政治理论课

思想政治教育，旨在引导个体的精神深层结构，追求生命的终极意义和价值。课程是教育的基础，通过将生命教育元素整合到思想政治理论课中，发挥课程的主渠道作用，实现生命教育的作用和意义。作为高校核心课程，思想政治理论课具备其他教育形式无法替代的导向功能。在高校思想政治理论课中，通过深入分析生命教育理论，强化学生对生命教育的理解；借助多样化的教学方式，激发学生的主观能动性，促进学生态度和行为的积极变化。

2.开设生命教育专题选修课

生命教育专题选修课，应建立在独特的核心理念和专业化框架之上，发挥其独特的生命教育功能。开设生命教育选修课的目标，是打破过去只有教育学专业学生才能接触到完整、系统的生命教育的局限，使其他学科的学生也能够参与到生命教育中。通过系统化和层次化的教学方法，保证生命教育的实效性、完整性，从而更好地满足学生全面发展的需求。

高校开设大学生生命教育选修课，应基于感悟生命、珍爱生命、敬畏生命、升华生命四个理念进行课程设置，并结合生命教育主题进行整合（见表5.1）。课程设置应采用由浅入深、由表及里的方式，结合理论与实践，逐步推进和深化，以确保大学生生命教育的全面性和系统性，为大学生提供更深入的学习和实践机会，从而更有效地促进大学生生命质量的提升。

表5.1　生命教育专题选修课程设置

核心理念	教学目标		教学主题
感悟生命	自然生命		"学会人际沟通""学做生命加减法"
	社会生命		
	精神生命		
珍爱生命	珍视生命		"生命只有一次"
	生存技能		"掌握生存技能"
敬畏生命	生命敬畏感		"探索生命信仰"
	死亡教育		"向死而生"
升华生命	生命真谛		"探索生命价值"
	审美教育		"发现生命之美"

在"感悟生命"板块，教师可以围绕"学会与人际沟通""学做生命加减法"等教学主题，引导大学生掌握有效的人际沟通技巧，丰富自我精神世界，感悟人生价值。这不仅有助于促进大学生身心健康发展，还能够帮助他们形成正确的生命理念，使他们在关爱自己的同时关注和关怀其他人，增强大学生的生命责任感。在当前大学校园中，校园暴力、校园霸凌、虐待动物等恶性事件时有发生。这些现象反映出一些大学生在关爱生命、尊重生命等方面的缺失。因此，在生命教育课程中，应着重强调尊重生命、关爱生命，通过案例分析和实践活动，增强大学生的生命责任感，培养他们对他人和社会的关爱，从而有效预防和遏制校园恶性事件的发生。

在"珍爱生命"板块，教师可以将"生命只有一次""掌握生存技能"等作为教学主题，帮助大学生认识到生命的唯一性和不可重复性。不仅要从生物学角度普及生命的基本规律，还要从情感层面引导大学生认同生命的独特与珍贵，悦纳自我。此外，生命教育内容还应涵盖生命安全救护技能，指导大学生关注自身安全防护，从生命安全、财产安全、交通安全、食品安全、消防安全、网络安全等方面提高防范意识，帮助大学生建立全面的生命安全意识，提高自身的生命安全救护能力，从而更好地珍惜和爱护自己的生命。

在"敬畏生命"板块，教师可以围绕"探索生命信仰""向死而生"等教学主题，引导大学生面对生命的终极问题，探索生命的深层意义。通过影视作品赏析、情感体验、深层讨论、信仰探索等教学方法，为学生提供直观的感受，引导学生深入思考和讨论，激发学生对生命的尊重和对信仰的探索，当面对生活中的各种困难和挑战时，能够保持内心的宁静和力量。

在"升华生命"板块，教学可以围绕"探索生命价值""发现生命之美"等主题展开，帮助大学生体会生命的意义和美好。"探索生命价值"主题教育，以实现生命价值为教学目标。通过目标设定、榜样学习、成长工作坊、社会实践等教学活动，引导大学生探索和实现生命的价值，理解生命的真谛。在"发现生命之美"主题教育中，通过组织开展自然体验、艺术欣赏、情感表达等教学活动，引导大学生以真诚的情感欣赏自然的奥秘，体验生命的喜悦和诗意，塑造积极的生命观，实现生命的全面升华。

3.依托课程思政

高校应增强生命教育的覆盖范围和影响力，积极挖掘和利用各个专业课程中的生命教育教学资源。高校开展大学生生命教育不应仅限于思想政治课程，而应广泛延伸至所有学科，实现全员、全过程的教育目标。

（1）打造生命课堂

教师应将生命教育的核心思想、目标、方法融入课程教学中。首先，大学生生命教育必须跟随高等教育的改革、社会的发展以及国家对生命教育的要求进行调整。教师应站在前瞻性角度，设计和实施生命教育，最大限度地激发生命教育的影响力。其次，不同年级、不同专业背景的大学生存在显著差异。因此，教师需要根据学生的发展阶段、知识结构调整生命教育的内容，实现大学生生命教育的连续性和阶段性有机结合，从而确保生命教育的有效性和长期发展。每位大学生都是独特的生命个体，教师在授课时应以学生为中心，关注他们的个性、潜能、兴趣和经验，积极引导学生参与课堂互动，打造以学生为主导的生命课堂。

（2）挖掘课程潜力

在实施生命教育过程中，教师应系统地整合生命教育内容，使生命教育元素与专业课程相结合。专业课程教师应在各自领域中挖掘生命教育的潜在资源，将生命教育融入专业课程，实现知识传递与价值引导的双重目标。例如，在艺术类课程中，教师应深入挖掘课程中的生命教育元素，将其与审美教育相结合。舞蹈展示生命的激情与活力，绘画培养和谐的心灵与优雅的气质。在体育课程中，体育教学不仅能够增强学生体质，还能激发学生的内在激情。体育课程教师应引导学生体会体育运动中的竞争精神，在遵守规范、准则的基础上，发挥个人潜能，培养竞争与合作、同情与关爱的美好品质。在医学课程中，可以从生命起源、生理结构等角度讲解"珍爱生命""敬畏生命"等知识，增强学生的生命意识，培养他们担负保护生命、提升生命质量的责任感。此外，通过互联网平台进行生命教育，将生命教育相关研究成果转化为实际应用，这种方法能够促进教师的生命教育理念和教学方法的更新，提高生命教育的效率和效果。

（二）情感联结

情感是个体对自身或外界事件的主观体验，包括喜怒哀乐等内心感受。它反映了人的精神需求和价值观，并对人的思想、行为和心理状态产生深远影响。在个体的全面发展历程中，情感教育占据着至关重要的地位，其深刻影响着个体对生命本质的洞察与领悟。在教育体系中，情感教育被赋予了提升个体情感素养、促进其达到最佳情绪状态的重任。因此，针对高校大学生的生命教育，我们必须实现由传统的"重理轻情"向"情理并重"的深刻转型，这一转型的核心在于强化对生命情感的关怀，并促进情感层面的有效交流与互动。为达成此目标，高校需将情感教育视为生命教育不可或缺的组成部分，通过构建完善的课程体系、组织多样化的情感交流活动以及建立全方位的情感支持体系，引导学生积极关注并有效管理自身情感，培养其成为具备健康情感认知与调节能力的个体。同时，教育工作者应树立榜样，以理性、稳健的态度面对情感挑战，为学生营造一个充满正能量、和谐稳定的情感成长环境。

1.运用生命叙事

生命叙事作为一种信息交流手段，其显著优势在于其感性魅力和易于接受性。它不仅是人们探索与接触"真相"的重要途径，更是通过讲述个体人生故事来展现对生命体验的深刻洞察。这些"生命故事"根植于叙述者的生活经历之中，是对生命历程的深刻反思与表达。具体而言，生命叙事展现出三大核心特性。首要的是其自我性，即生命叙事是叙述者基于自身或他人人生经历的自我感知与阐述。它源自个体的生活实践，通过"独白"的形式展现，这一过程融合了叙述者的经验、情感、理性及与他人的互动，构成了一种反思性的自我认知体系。其次，生命叙事具有互动性。它构建了一个共享意义的"共情场域"，使得叙述者与听众之间的情感、态度及价值观得以相互渗透与影响。在此过程中，听众的角色超越了单纯的"聆听者"，他们通过互动与叙述者建立起深层次的情感联系，共同激发情感记忆的共鸣与联结。这种互动性不仅增强了叙事的感染力，也彰显了生命叙事在促进人际理解与关怀方面的独特价值。最后，生命叙事体现了重构性。它不仅仅是对过往经历的简单回顾，更是一种对过去的再审视、对现在的深刻感知以及对未来的积极展望。在重构的过程中，叙述者需对人生经历进行深入的反思与剖析，以寻找其中的意义与价值；同时，他们还需积极构建新的自我形象，为人生赋予新的目标与追求。这种重构性使得生命叙事成为一种持续发展与自我完善的叙事过程。

在高校生命教育体系中，生命叙事占据了举足轻重的地位。教育工作者应当深入剖析生命叙事的本质特性，并将其有效融入生命教育的全过程，以此强化学生对生命的认知与体验，促进学生心灵层面的深度交流。在实施生命教育时，教育工作者需灵活运用多样化的生命叙事手段，包括但不限于口头陈述、书面记录及肢体语言展示等，旨在全面促进大学生对生命议题的深入思考与个性化表达。鉴于学生群体的年龄层次与性格特征的多样性，这些叙事方式的选择与应用需充分考虑其差异性，以确保每位学生都能找到适合自己的表达方式。评估生命教育成效的核心标准，在于是否能够充分激发学生的表达意愿，使其达到"有意愿表达""有能力表达"以及"普遍参与表达"的积极状态。这要求教育工作者不仅要在课堂上营造开放、尊重的氛围，鼓励学生勇敢发声，还需通过个性化的辅导与支持，帮助学生克服表达上的障碍，确保每位学生的声音都能被听见、被理解。

在生命教育过程中，教师首先应创造一个宽容而平和的氛围，让学生自由表达自己的想法，并能够感受到被接纳。在生命叙事过程中，教师与学生之间建立一种互惠互利、共同探究的关系，共同参与生活体验和意义建构。当叙述者在生命认知或价值观上出现偏差时，教师应及时察觉并给予引导，以帮助学生更好地理解自己的生活，掌握对生命的全新视角。其次，利用生命故事，促进师生间的情感共鸣。大学生处于情感发展的高峰期，具有强烈的情感交流需求。生命故事能够有效激发教师与学生之间的情感共鸣。因此，在讲述生命故事时，教师要善于挖掘共通的情感契合点，将生命故事与生命教育相结合，激发学生对生命叙事的兴趣，引导学生关注生命叙事中的生命启迪。

2.营造家庭氛围

家庭是教育的起点，是基于生物学特征形成的社会性"微结构"。家庭不仅是个体行为的基本场所，更是在情感、意志和行为上对个体产生深远影响的环境。家庭是塑造个体生活趣味和品质的关键场所，在感染和引导个体方面，常常比学校更具力量。父母是子女情感满足的最初和最主要来源。在家庭中，情感的表现和交流是子女理解和认识情绪的重要途径。子女通过自己的情绪体验来认识和理解情感，学会辨别情绪的来源、理解和表达方式，并在此基础上逐渐形成对情绪的价值判断。社会学家埃利亚斯在对文明演化历史的研究中指出，子女的情感形式和习惯受父母的情感形式和习惯的影响，且这种影响在子女的情感发展中逐步显现。此外，情感在维系家庭关系中扮演着关键角色。良好的情感表现能够营造一个充满温情的环境，对家庭成员的情绪和个体发展有着强大的支持作用。

在高校大学生生命教育中，家庭应充分利用情感因素，提升大学生的生命境界。首先，加强情感沟通。有效交流是人与人之间重要的接触方式。家长不仅是孩子生活的塑造者，也是他们成长中的首位教师。良好的亲子沟通对于保障大学生心理健康及促进其全面成长具有举足轻重的意义，它不仅构成了大学生在遭遇人生挑战时，能够及时向家庭寻求情感支持与实质性援助的桥梁，更是塑造其积极向上生活态度的关键因素。然而，随着新媒体技术的飞速发展与社交网络的日益扩张，大学生群体与家庭之间的沟通模式正经历着深刻的变革。尽管现代通信技术极大地方便了身处异地的家庭成员进行即时交流，但遗憾的是，并非所有大学生都能有效利用这些工具来维持与家长的积极沟通。相反，随着个人社交圈的扩展与独立性的增强，部分大学生与家庭之间的联系出现了淡化的趋势。在此背景下，若大学生在学习、生活等方面遭遇困境而无法及时获得来自家庭的理解与支持，其心理健康状况或将面临潜在的风险。因此，我们强调，家长在与子女进行沟通时，应当秉持全面、深入的视角，不仅关注子女的学业成就，更应关心其情感状态、心理需求及综合素质的提升。通过构建开放、包容的沟通环境，家长可以更加准确地把握子女的成长脉搏，为其提供必要的引导与帮助，共同促进大学生的健康成长与全面发展。其次，表达情感需求。在大学生人格塑造与成长的关键阶段，父母的角色显得尤为关键且重要。为了促进大学生形成健全的人格，并有效应对生活中的挑战，父母应当以"朋友"的身份与其进行互动，展现出一种更为开放、包容和支持的态度。大学生正处于身心发展的关键时期，他们的社会交往圈层逐渐扩大，所面临的环境与压力也日益复杂。因此，父母有责任和义务密切关注他们的成长轨迹，提供必要的指导和支持，帮助他们树立正确的世界观、人生观和价值观。针对当前大学生中存在的"报喜不报忧"或"无事不联系"的现象，父母应当采取积极主动的沟通策略，努力搭建起与子女之间的情感桥梁。通过耐心倾听、细致询问和真诚交流，更加深入地了解子女的内心世界和真实需求，为他们提供更加精准的支持和帮助。同时，为了营造更加和谐、温馨的家庭氛围，父母应当注重与子女的情感交流，积极参与他们的生活和学习。通过共同参与校园活动、讨论社会热点话题等方式，增进与子女之间的理解和信任，为他们的成长提供更为坚实的后盾。此外，父母还应当注重提升大学生的人际交往和情感管理能力。通过传授沟通技巧、情绪调节等实用方法，帮助他们更好地应对生活中的挫折和困惑，树立积极向上的生活态度。

3.优化同辈群体环境

同辈群体在个体成长和发展过程中扮演着不可或缺的角色。大学生之间的关系，尤其是在他们共同经历生活中的各种挑战时，往往比家长和老师的影响更为深远。因此，优化同辈群体的环境对于大学生的成长至关重要。首先，创造积极向上的同辈群体环境。大学生情感丰富，思维活跃。一方面，他们拒绝灌输、抵制权威，展现出强烈的自主意识；另一方面，他们渴望通过情感宣泄获得心灵慰藉，缓解内心的矛盾。学校作为社会主流文化和思想道德理念的承载体，应当营造良好的校园氛围，为同辈群体的成长提供肥沃土壤。学校应创造充满文化气息的环境，如通过创建生命教育专题网站、利用校园广播电台开展生命教育活动等方式，增强学生对校园文化的感知和认同，激发学生的生活情趣，促进他们情感、人格等方面的全面发展。其次，发挥同辈群体中核心人物的作用。作为教师，应深入洞悉大学生群体，特别是同辈群体中的核心成员。一方面，教师应与这些核心成员建立更为紧密的情感纽带，通过细致观察，发掘并彰显其优势，以增强其自信心，进而促进整个群体的协同发展。另一方面，教师应积极邀请核心成员参与班级管理，旨在提升其影响力，并引导其树立正面的价值观，成为集体中的引领者。通过核心成员的示范效应与积极互动，营造积极向上的集体氛围，充分发挥其在群体中的正面引领作用。最后，丰富同辈群体的友情形式。情感作为生命观念构建的基础要素，其重要性不容忽视。高校作为高等教育的主要阵地，应致力于为大学生创造促进友谊发展的环境与平台，通过多样化的交往模式培养，鼓励大学生间形成积极、健康的互动关系，从而在相互肯定与支持中，共同塑造与社会发展相契合的生命观念。为实现这一目标，高校需采取切实有效的措施，包括但不限于组织多元化的社团活动、学术论坛及文化交流等，旨在拓宽大学生的社交圈层，增进彼此间的理解与认同。同时，高校还应加强引导，通过课程教育或专题讲座等形式，帮助学生树立正确的交友观，培养尊重、理解及包容的社交态度。在此基础上，高校应进一步深化生命教育内涵，以友谊为纽带，传递生命价值与社会正能量。通过讲述生命故事、阐释生命意义等方式，引导大学生深刻理解生命的宝贵与脆弱，进而珍惜自身及他人的生命，积极传递正面情感与力量。

（三）场域体验

意识的形成与发展是在生命实践中逐步实现的。现实生活中的人际交往实践，有助于个体形成充实而完整的精神生活，实现个体道德发展。个体发展的本质，是一个在实践中持续探索与深化的过程。对于身处大学校园的学子而言，他们应当积极融入社会现实，置身于国家和时代的洪流之中，以客观、理性的态度不断审视和反思自身的思想与行为。在此过程中，他们应勇于挑战未知，积极探索生命与世界的真谛，以期在理论与实践的交融中实现个人素质与能力的质的飞跃。此等发展，不仅是知识积累与技能提升的过程，更是个人品格与价值观塑造的重要阶段。

1.创设丰富的教育情境

生命教育的核心宗旨，旨在尊重并珍视每个生命体所展现的多样性特质，通过系统性教育手段，引导个体深入探究并领悟生命的本质内涵与深远意义，进而促进其生命智慧的全面提升。为实现此崇高目标，高等教育机构应确立大学生在生命教育中的核心地位，并以此为基点，构建以实践活动为主导，融合多层次、多途径的教学模式。首先，在于激发并培养学生对特定领域或活动的浓厚兴趣。兴趣作为个体内在动机的源泉，是推动其积极投入、深入探索的关键因素。高等教育机构需精准把握学生的兴趣所在，通过创设贴近实际、富有启发性的情境，引导学生在兴趣的驱动下，主动探索生命的奥秘，体验生命的丰富与多彩。同时，教师应积极引导学生将个人兴趣融入社会责任之中，鼓励其在追求个人成就的同时，关注并促进他人的成长与发展，从而在实践中彰显生命的活力与价值。其次，实践环节在生命教育中占据着举足轻重的地位。高等教育机构应摒弃单一的知识传授模式，转而注重学生的亲身体验与感悟。通过组织多样化的生命教育实践活动，如社区服务、志愿服务等，让学生在实践中感受生命的温度与力量，促进其生命意识的深化与生命情感的升华。高校应不断丰富生命教育实践活动的形式与内容，确保学生能够在全方位、多角度的实践中获得全面的生命体验与成长。此外，生命安全教育作为生命教育的重要组成部分，同样不容忽视。高等教育机构应高度重视学生的生命安全保障工作，通过组织各类避险演练、安全教育活动等，帮助学生掌握必要的自救和互救技能与应对突发事件的能力。这些举措不仅有助于提高学生的安全防范意识与自我保护能力，更能在关键时刻挽救学生的生命安全，彰显生命教育的实际成效与深远意义。

2. 借助虚拟仿真技术

虚拟仿真技术结合了声音、电子影像、机械互动装置等多种技术手段，构建出既真实又虚幻的世界。通过各种感测设备，虚拟仿真技术创造了全新的人机交互界面和方式，使学生能够直观地与虚实融合的世界进行交互，实现从简单的"观看"转向"体验"。将虚拟仿真技术应用于高校大学生生命教育中，赋予大学生个性化的选择权利，使大学生不仅是信息的接收者，更是创造者，从而实现更加全面、完整的身心体验，使学生在交流中回归到人本状态，构建个性化内容。此外，虚拟仿真技术还具有操作系统简单易懂和功能多样化的优点，使学生能够从中获得更多的乐趣，并体验人性化的学习过程。因此，在大学生生命教育中，教师应充分利用虚拟仿真技术，创建沉浸式的教学环境，使大学生摆脱外界环境的干扰，专注于自主学习。这种学习环境不仅实现了大学生自身与场景、自身与化身的深度交互，还能够帮助大学生将虚拟情境中的生命知识和生命实践经验转向现实生活，进而塑造积极、健康的生命品格。

3. 充分利用社会资源

高校生命教育需要全社会的共同努力，社会各界应为高校大学生搭建促进他们身心健康成长的校外实践平台。首先，构建生命教育智慧平台。新媒体的兴起，对传统"填鸭式"教学模式构成了显著挑战，其打破了时间与空间的限制，使得生命教育得以更加紧密地融入学生的日常生活之中。教师应当积极利用网络平台，维持与大学生之间的紧密联系，确保教育活动的持续性和有效性。在此基础上，教师应积极探索教育直播这一新兴模式，借助抖音、快手等主流直播平台，打造富有吸引力的生命教育互动节目，以此构建线上线下相融合的高质量生命教育传播体系。通过更加直观、生动的方式，加深学生对生命教育的理解和认同。教师还应充分利用新媒体技术的优势，开发并推广生命教育慕课、微信公众号等网络学习平台，为学生提供便捷、高效的学习途径。这些平台将汇聚丰富的教育资源，助力学生实现自我提升和全面发展。然而，针对那些具有广泛影响力的自媒体，应强化网络实名制管理，防止其发布误导性信息，确保学生能够接受到正确、积极的生命教育观念。其次，高校根据专业特色，开展支教、支医、支农等社会实践活动。通过社会实践活动，大学生能够深入了解国家发展变化和人民生活、教育现状，增强大学生的社会责任感和同理心，进而获得社会认可和尊敬。最后，调动社会各类群体组织的力量，搭建多元化的生命教育实践平台。义工活动是认识自我、提升自我和表现生命价值的重要途径，在建设和谐社会的过程中扮演着越来越重要的角色。在高校大学生生命教育教学中，教师应重视实践与经验的结合，鼓励大学生积极参与社会服务，在服务他人的过程中体会时间的流逝和生命的流动，传播爱与文明，获得心灵上的满足。社会各界应主动承担社会责任，为社会志愿者提供活动场地，开展生命教育宣传、展示优秀生命教育作品、营造积极的生命教育氛围。

第二节　人格培育

一、人格培育的概念

人格最初的含义是"面具"或"戴面具的人"。关于人格的定义，迄今为止尚未达成统一的标准。国内外学者从不同的角度对人格进行了定义。英国心理学家艾森克将人格定义为"个体实际表现出来的行为模式的总和，是体格、智力、性格、气质等方面相对稳定而持久的组织，决定了个体适应环境的独特性"。美国心理学家奥尔波特则认为"人格是个体内部决定特征、思想和行为的心身系统的动力结构"。我国心理学家黄希庭将人格定义为"个体在行为上的内部倾向，体现在适应环境过程中体质、性格、情绪、需求、能力、兴趣、动机、态度、气质和价值观等方面的整合，是具有动力连续性和一致性的自我，是个体在社会化过程中形成的独特的心身组织"。综上所述，人格的定义包含生理、心理和行为三个层面。第一，生理层面，指个体的生物遗传基础和生理特征。第二，心理层面，是个体在对待自身、他人以及感知和适应环境过程中展现出的心理特征，包括个体的性格、能力、气质等心理特征总和。第三，行为层面，是个体在实际生活中遵循的价值取向和行为准则，体现为外在的言行表现及由此展现出的意志品质。三者之间相互联系和作用、影响和制约，共同构成了一个相对稳定的人格组织结构。

大学生人格的形成，根植于基因与环境因素的深度交融，在个体逐步融入社会的过程中展现出其稳定且一致的特质。这些特质涵盖了心理状态、行为能力、品德修养以及价值观念等多个维度。大学生个体拥有独特的个性特征。高校在大学生人格培育过程中，不能将大学生视作流水线上的标准化产品，而应尊重每位学生的个体差异，培养他们独立而具有特色的人格。然而，大学生作为社会的一部分，具有社会属性，并承载着社会期望和责任。大学生的心理人格、政治人格、道德人格和创新人格，体现了大学生的理想人格品质，也是大学生社会化的重要表现。人格培育的核心在于明确"培养什么样的人"，大学生人格培育以大学生为对象，发挥学校教育、家庭教育、社会教育和自我教育的协同作用，整合教育教学资源，实施有计划、有目的的教育实践活动，培养大学生积极、健康的精神面貌，从而形成符合社会发展需求的理想人格品质。

（一）人格培育与人格教育

"教育"是按照特定标准对人进行培养工作，主要指学校的培养活动，如初等教育、高等教育、成人教育等；而"培育"则是培养，如培养人才等。在实际使用中，"教育"被视为教化和培育的结合；"培育"则涵盖了培养和教育的概念，二者在意义上可以视为等同。目前"人格教育"和"人格培育"被广泛使用，它们的内涵和外延一致，指向的对象也完全相同，二者可代表同一概念，无本质区别。人类的基本特征之一是可教育性，而教育是培养新一代的社会实践。因此，人格培育在高校大学生人格发展和塑造过程中扮演着至关重要且不可替代的角色。

（二）培育主体是学校

大学生人格培育主要依赖于四个途径，即学校教育、家庭教育、社会教育和自我教育。从终身发展理论的角度看，人格的成长是贯穿一生的过程。虽然家庭教育、社会教育、自我教育的影响始终伴随大学生成长，但是这些教育常常缺乏计划性和目的性。学校教育为大学生自我教育提供了系统化的支持，是其发挥自我教育能力的基础。

学校是大学生人格培育的主体。大学时期，作为人格塑造的关键阶段，被誉为塑造大学生人格的"黄金时期"。此阶段所塑造的人格特质，将深刻影响并构成大学生未来社会行为的基本框架，无论未来环境如何变迁，这些人格特质都将作为其行动的核心依据。同时，学校教育以其计划性和明确的目标为导向，承担着塑造大学生人格品质的重要使命。这一使命不仅反映了党和国家对大学生人格品质的深切期望，更是为了促进大学生更好地融入社会，积极参与国家建设与社会发展。为实现这一目标，高校需紧密围绕时代与社会发展的需求，精心设计并实施大学生人格培育方案。这包括但不限于通过系统的课程教育、丰富的实践活动以及专业的心理辅导等多种途径，引导学生树立正确的价值观念、人生观与世界观，并着力培养学生的社会责任感、创新思维与实践能力。此外，高校应充分尊重学生的个性差异与多样性，为每位学生提供适宜其个人发展的教育环境与资源，以促进其全面而均衡的发展。

（三）培育对象是大学生群体

人格培育的核心在于促进个体心智的成长和人格的完善。高校大学生人格培育，旨在培养大学生的理想人格品质。与中学生和小学生相比，大学生在发展阶段和需求上存在明显差异。因此，大学生人格培育的内容应更为深入，方法应更加灵活，目标应更具长远性。同时，大学生在各自的专业领域和个人发展阶段中也表现出不同的特征。高校在开展大学生人格培育时，应以大学生身心特点和发展规律为基础，保证人格培育的实施过程充分尊重和体现大学生群体的独特性。

二、人格培育的原则

（一）坚持以人为本原则

以人为本，作为高校大学生人格培育的基本原则，其核心在于将人的全面发展置于首要地位。大学生不仅是人格培育的起始点，也是其最终目标的实现者。因此，在推进大学生人格培育的进程中，高校必须高度重视并充分激发大学生的主观能动性，以期塑造出既符合社会发展需求，又具备良好个人成长潜力的理想人格品质，确保大学生人格培育的方向与目标与国家和社会的发展需求紧密相连。实现这一目标，必须坚持"三个尊重"。首先，尊重大学生成长规律。个体成长遵循一定的规律。埃里克森的人格发展理论明确指出，大学生正处于从青春期向成年早期的过渡阶段，此阶段对于人格塑造具有决定性意义。在此阶段，大学生在知识积累、情感发展及意志锻炼等方面均展现出逐步成熟的趋势。然而，这一成长历程并非孤立存在，而是根植于个体自婴儿期至学龄期的长期发展历程，深受多方面因素的影响，从而在人格塑造过程中会遇到复杂多变的挑战。因此，尊重并遵循大学生的成长规律，必须正视并深入剖析这些挑战。通过构建系统化、科学化的人格培育体系，为大学生提供全面而有力的支持与资源，助力他们有效应对成长道路上的种种考验。在此过程中，高校应增强对个体差异性的尊重与关注，致力于提供个性化、精准化的指导与帮助，以促进每位大学生健康、全面地发展，最终形成积极、稳定的人格特质。其次，尊重大学生人格特点。每个人都是独特的，大学生的人格特征会因成长环境和经历的差异而各不相同。尽管有共同的培养目标，但每位大学生在接受教育时的吸收能力和成效也各有差异，形成的人格特征自然会有所不同。我们应当接受大学生的个体差异，而不是用统一的标准来衡量他们。同时，对于大学生中可能存在的不良人格特点，应持宽容态度，进行适当的引导和矫正，这也是大学生人格培育研究的关键。最后，尊重大学生主体地位。在大学生人格培育中，虽然高校处于主导地位，但作为教育对象，大学生也是人格培育的主体。自我教育水平，对大学生的人格发展质量有着重要影响。因此，教师应当信任并理解大学生，最大限度地激发他们的主体意识和主观能动性，使其认识到理想人格品质在个人成长中的重要性，提高自我教育的能力和自觉意识，从而实现自我成长与发展。

（二）坚持知行统一原则

1.从"知"的角度出发

在探讨大学生人格培育的架构中，"知"作为核心要素，其重要性不言而喻。它不仅是知识累积与学习的核心，更是人格塑造与完善的基石。首先，知识的学习与掌握是人格塑造中不可或缺的环节。对于大学生而言，广泛而深入地学习科学文化知识，不仅能够提升其智慧水平，更能为其人格的全面发展奠定坚实基础。在知识的引领下，大学生能够深化对世界的认知，促进认知、情感、意志与行为之间的和谐统一，进而在人生价值的追求上实现质的飞跃。其次，"知"还涉及对人格本质及结构的深刻理解。大学生需具备对人格的全面认知能力，包括人格的定义、类型、问题及障碍等方面。这种深入的理解有助于他们更准确地把握自我、理解他人，从而在人际交往中展现出更加成熟与稳健的特质。同时，人格结构由认知、情感、意志与行为等多个维度构成，其中认知作为基石，对人格的整体塑造起着至关重要的作用。因此，在大学生人格培育的过程中，应高度重视其认知能力的培养与提升，确保其在心理、政治、道德及创新等领域的认知能力达到应有的水平。

2.从"行"的角度出发

人格的结构包含"知、情、意、行"四个维度，其完善过程自"知"始，终"行"止。若"知"与"行"之间存在鸿沟，则理论将难以与实践相融合，导致人格发展的不完整。例如，大学生需具备健康的心理认知与相应的健康行为、正确的政治认知与坚定的政治行为、积极的道德认知与高尚的道德行为，以及创新的认知与积极的创新行为。唯有"知"与"行"的紧密结合，方能塑造出全面的人格品质。在大学生的人格培育工作中，"知"构成了坚实的基础，而"行"则是实现目标的关键所在。二者相辅相成，缺一不可。具体而言，"知"的层面涵盖了通过课堂教学等方式传授科学文化知识与人格理论的内容；"行"的层面则强调在社会实践中进行锻炼与检验，以将人格认知转化为实际行动。因此，大学生的人格培育应秉持"知行合一"的原则，既要在思想层面进行深入的认知教育，又要在实践层面开展广泛的行为实践，以此促进大学生人格的全面发展与内外统一。

（三）坚持与时俱进原则

在高校大学生人格培育的进程中，需恪守"与时俱进"的核心理念。其中，"时"意指所处的特定历史时期与社会背景，而"进"则强调了伴随社会进步而持续发展的必要性。首先，关于大学生人格培育的理念，必须紧跟时代步伐。随着人格研究的不断深化，对大学生人格的认知已超越单纯的心理范畴，扩展至政治素养、道德品质及创新能力等多个维度。因此，高校在推进大学生人格培育时，应摒弃传统心理人格的局限视角，将促进学生全面发展视为根本目标，致力于塑造具备理想人格特质的新时代大学生。其次，就大学生人格培育的内容而言，亦需紧密贴合时代脉搏。人格的形成与发展深受时代背景的深刻影响，不同时代孕育出各具特色的人格风貌。当前，我国正处于以中国式现代化全面推进中华民族伟大复兴的关键时期。在此背景下，大学生人格培育应紧密围绕现代化建设这一中心任务，引导学生从传统人格向现代化人格转型，努力培养出具备中国特色社会主义理想的新时代青年。最后，关于大学生人格培育的手段，同样需要与时俱进。随着互联网、新媒体等技术的飞速发展，人格培育的方式、方法正经历着前所未有的变革。在此背景下，高校应充分利用新媒体和在线平台等现代技术手段，创新人格培育模式，以更加灵活多样、高效便捷的方式开展人格培育工作。同时，不应忽视传统课堂讲授和社会实践等经典方式的重要价值，应将其与现代技术手段有机结合，共同推动大学生人格培育事业的持续发展。

（四）坚持协调发展原则

1.人格要素的协调发展

人格构成的核心要素为智慧、道德及意志，此三者相互关联，共同构成了一个稳固的三角形框架。在此框架中，三角形的每一条边均代表一种人格力量，而其整体面积则深刻映射了个体自我实现的广度和深度。当三角形各边长度增加，即智慧、道德、意志三种力量均得到增强时，三角形的面积会相应扩大，这标志着个体在自我实现的道路上迈出了更为坚实的步伐。在三角形周长保持恒定的条件下，等边三角形的形态能够实现面积的最大化。因此，当个体的人格力量分布呈现出等边三角形的特征时，我们称之为"金三角"人格状态。在此状态下，智慧、道德、意志三者达到了高度的平衡与和谐，为个体潜能的最大化发挥提供了理想的土壤。这种人格协调发展的理想状态，不仅体现了个人素质的全面提升，也彰显了理性、稳重与自我超越的精神风貌。然而，现实中个体人格力量往往是不均衡的，最弱的人格力量通常对整体人格状态具有显著影响。因此，在提升大学生人格力量时，应特别关注最弱的人格力量，弥补短板，努力实现"金三角"人格，从而促进自身潜能的最大化发挥。

2.人格培育内容的协调发展

大学生人格培育包括大学生心理人格、政治人格、道德人格、创新人格的培育，这四种人格特质相互关联、逻辑一致，共同构成了大学生理想人格品质。大学生心理人格、政治人格、道德人格是基础性要求，创新人格则是发展性要求。实现四者的全面发展，是高校大学生人格培育的必然要求。在大学生人格培育中，既要注重整体性，确保各个方面的全面覆盖，又要注重协调性，保持各个方面的平衡发展，避免片面或偏颇的情况。只有坚持整体性与协调性的有机统一，才能实现有效的人格培育。

3.人格培育环境的协调发展

学校是大学生人格培育的主要环境，可通过开展有计划、有目的的教育教学和社会实践活动，培育大学生健康的人格。然而，家庭教养方式和社会环境氛围也对大学生人格的塑造具有重要影响。因此，学校、家庭和社会三者之间必须遵循协调统一的教育标准，以确保对大学生人格培育产生积极效果。如果三者之间存在不协调，大学生就可能面临心理冲突、价值观混乱，甚至陷入迷茫状态。例如，当学校教育提倡诚信和廉洁，而社会上却存在严重的腐败现象时，尚未成熟的大学生可能会产生极端情绪或偏执心理。因此，在大学生人格培育过程中，应以学校教育为主体、家庭教育为基础、社会教育为延伸、自我教育为保障，四者相互配合、协调一致，以实现最佳的育人效果。

三、人格培育的主要内容

（一）培育大学生的心理人格

1.心理人格是大学生人格培育的基础

在高等教育的体系中，大学生作为社会与国家未来的中坚力量，其综合素质的培育具有极高的战略意义。其中，既包含对专业知识的深入掌握，也涵盖了对健康心理人格的全面塑造。二者相辅相成，共同构成了大学生全面发展的坚实基石。心理健康对于大学生而言，其重要性不言而喻。它不仅是个人情绪稳定、行为理智的内在支撑，更是促进其理想人格品质发展的先决条件。一个具备健康心理人格的大学生，能够以更加坚韧不拔的态度面对生活中的各种挑战，以更加理性睿智的视角审视自我与世界的关系，从而在不断追求自我完善的过程中，为社会的和谐与进步贡献积极力量。因此，高等院校在人才培养的过程中，必须将心理健康教育置于重要地位。通过构建完善的课程体系、提供专业的心理咨询服务、建立科学的心理健康评估机制等多种措施，全方位、多层次地促进大学生心理健康水平的提升。同时，还应积极引导大学生树立正确的价值观念，培养他们的社会责任感与使命感，鼓励他们为实现个人价值与社会进步的双重目标而努力奋斗。从客观角度来看，大学生心理健康主要涉及两个层面：一是内在层面，即大学生能够良好地处理自我关系，表现为身体健康、深刻的自我认知，既了解自身优点和潜能，也能够意识并接受自身的不足，特别是在面对缺点时，能够积极接纳和自我完善；二是外在层面，即大学生能够适应社会角色，妥善处理人际关系，为社会发展贡献自身的力量，同时实现社会价值和人生价值。心理健康的标准是个体人格的完善，尤其是心理人格的完善，包括积极的心理态度、情感品质、情绪品质和适应能力，这也是高校大学生心理人格培育的主要内容。

2.培育大学生心理人格的具体内容

（1）培育大学生积极的心理态度

心理态度，即心态，是指个体在特定时间跨度内保持相对稳定的一种心理状态，其特性涵盖了持续性、稳固性以及引导性。这种心态的构成，源于个体当前的心理状况与过往经历的深度交融，对个体的思维模式、情感体验及行为倾向均产生深远影响。持有积极心理态度的个体，更有可能展现出奋发向上的精神风貌，推动自身在追求目标的过程中不断取得成就。相反，消极心态则可能成为阻碍个体发展的桎梏，导致其在面对挑战时缺乏动力，进而增加失败的风险。尤为重要的是，积极心理态度还具备显著的调节功能，能够在一定程度上缓解由消极心态引发的心理问题，为个体的心理健康提供有力保障。这种调节机制的存在，使得个体在面对压力与困境时，能够保持相对稳定的心理状态，进而促进身心的全面健康发展。因此，大学生心理态度不仅反映了时代和社会的发展方向，还影响个体健康心理人格的形成。大学生心理态度培育主要涉及以下几个方面。第一，培养大学生的心理韧性。心理韧性是个体在面对困境、压力或威胁时，能够主动、从容地调整心态并保持积极态度的能力，也被称为应对挫折的"反弹能力"。研究表明，心理韧性强的个体在面对不利环境时，能够积极调整心态，汲取经验教训，迎难而上，化阻力为动力，最终实现成功。培养大学生的心理韧性应重点关注提升他们的自信心、自我效能感和控制能力，以及应对压力和挫折的技巧，从而增强其解决问题的能力。第二，培养大学生积极的生命观。生命观涵盖生命认知观、态度观和价值观等，决定了个体对生命意义的基本认识。大学生积极的生命观不仅关乎个体的健康成长，还影响着国家和社会的未来。对大学生进行生命常识教育，坚持生命至上原则，尊重和关爱生命；培养正确的生命价值观，通过社会贡献实现个人价值；引导大学生追求幸福生活，提升生命质量。第三，培养大学生积极的社会心态。积极的社会心态，作为大学生个人成长与社会进步的基石，其重要性不言而喻。它体现为个体在认知上秉持正向的思维模式，以积极的态度审视问题；在情感层面，则是对生活充满热情与希望，展现出蓬勃向上的精神风貌；而在行动上，则表现为具备健康的心理品质与良好的心态，勇于担当，积极作为。针对大学生这一特殊群体，作为国家未来的建设者与接班人，其社会心态的塑造尤为关键。高校应引导他们以理性的视角审视世界与国家的发展趋势，深刻认识自身所肩负的社会责任与义务，从而树立起促进个人全面发展与推动社会和谐进步的积极心态。

（2）培育大学生积极的情绪品质

情绪是人格的核心特征，直接影响个体的认知和行为。研究表明，当个体处于某种情绪状态时，积极情绪能够促进个体发挥潜能，而消极情绪则可能引发个体身体问题。大学生处于情绪发展的关键时期，容易受到各种负面情绪的困扰，如焦虑、抑郁、偏执等，这些情绪可能严重影响他们的健康、学习和人际交往，甚至出现心理障碍。因此，高校应引导大学生维持心理平衡，培养积极情绪，预防情绪失控引发的健康问题，构建健康的心理人格。一是，提升大学生的情绪认知能力。情绪受认知过程、生理状态和环境事件的影响，其中认知因素是决定情绪的关键。大学生应正视并接受情绪，特别是负面情绪，避免逃避情绪；学会准确分析不良情绪的根源，合理评估诱发事件，寻找解决办法，防止情绪恶化。二是，提升大学生的情绪控制能力。自我控制是个体有意识地管理冲动和自动化反应。大学生应学会释放和转移不良情绪，通过写日记、聊天、运动等方式宣泄情绪；学会控制情绪的方法，如自我安慰法、词语暗示法、音乐调节法等，以缓解负性情绪，保持身心健康。三是，提升大学生的情绪调节能力。大学生应树立积极的人生观，保持心理平衡状态，适应社会环境；学会情绪独立，减少负性情绪，进行自我管理和自我调节；增强人际交往能力，以获得更多的社会支持，缓解不良情绪带来的负面影响。

（3）培育大学生积极的情感品质

情感是人类与生俱来的重要特质，对个体生存和发展至关重要。大学生的知识体系尚未完全建立，价值观仍处于形成中，情感、心理也未完全成熟。因此，高校应加强大学生的情感教育，培养他们健康的心理素质和人格品质，为其未来发展提供精神支持。首先，培养大学生树立正确的亲情观。亲情是人际关系中最重要、最纯粹、最深刻的感情，是个体情感系统的重要组成部分。缺乏亲情容易导致个体出现心理人格缺陷，因此，高校应强化大学生亲情教育，树立正确的亲情观。一方面，对大学生进行孝道教育，培育大学生对父母的孝敬意识，培养孝敬父母的习惯。另一方面，应注重大学生感恩教育，培养大学生的感恩心态。只有心怀感恩，大学生才能全面发展个性，提升个人价值观和社会责任感。其次，培养大学生树立正确的友情观。友情是人际关系中相互理解和信任的结果，是人与人之间亲密和友好的关系。友情能够为大学生提供心理上的安慰和支持，是他们人格发展中的重要组成部分。正确的友情观有助于大学生处理好人际关系，形成健康的心理品质。高校应引导大学生避免功利主义和极端主义，建立真诚、平等和尊重的友谊。最后，培养大学生树立正确的爱情观。爱情是人性的美好展示，可以丰富人生情感世界，既具有自然属性，又具有社会属性。爱情观直接影响个人成长、家庭幸福和社会稳定。高校应引导大学生正确地理解爱情，树立健康的爱情观，尊重平等和道德规范，正确处理学业、责任、付出与回报等问题，树立自尊、自爱、自强、自重的人格品质。

（4）培育大学生积极的适应能力

大学阶段是大学生从青春期向成年期的过渡阶段，大学生心理发展常常滞后于生理发展，容易出现与适应能力相关的一系列心理问题。因此，高校应培养大学生良好的心理适应能力，为大学生自我发展和完善提供保障。首先，提升大学生的自我调适能力。大学生不仅要专注于自身学业，还应主动维护自己的心理健康，尤其是在面对困难时需积极调整自我心态。大学生应学会合理规划，制定短期目标和长期理想，通过实现短期目标获得成就感，增强自信心和自我效能感。同时，建立良好的人际关系，提供社会情感支持，缓解心理压力。其次，培养大学生的抗挫折能力。挫折是个体在实现目标过程中，遇到无法克服的困难时产生负性情绪的一种心理反应。抗挫折能力是个体面对挫折时的耐受力和应对能力。大学生应学会正确面对学业、就业、恋爱、人际关系中的挫折，提高心理素质。正确看待挫折，将其视为成长的机会而非阻碍；学会正确归因，将成功归因于稳定因素，将失败归因于不稳定因素；设定适当的目标，调整期望值；积极面对挫折，保持良好的心态，以积极、正面的心理特质促进个人发展。最后，锤炼大学生的坚强意志。意志是克服挫折的精神力量，是个体积极性和主观能动性的体现。加强心理健康教育，培养坚强的意志品质，是大学生成才的关键。因此，培育大学生良好的心理适应能力，需要特别注重意志品质的培养，增强他们的勇气、毅力和责任感，将坚强意志作为成长过程中的加油站。

（二）培育大学生的政治人格

1.政治人格是大学生人格培育的关键

在大学生的成长过程中，政治人格的培育扮演了至关重要的角色。政治人格不仅涉及个体的政治认知和行为倾向，还影响他们的社会责任感、道德观念和社会参与度。因此，在大学生的人格培育中，政治人格的塑造显得尤为重要。第一，政治人格会影响大学生的社会责任感。政治人格的培养有助于大学生形成强烈的社会责任感。在大学阶段，学生正处于世界观、人生观和价值观形成的关键时期。政治人格的塑造能够帮助他们明确自身的社会角色和责任，使他们更加关注社会问题，理解国家和社会的发展需要，从而培养出一种积极参与社会事务、承担社会责任的意识。通过参与政治活动、讨论社会问题等，大学生可以在实践中增强对社会的责任感，进而对国家的未来做出积极贡献。第二，政治人格可以促进大学生的道德观念建设。政治人格不仅仅是对政治事务的参与，更是对道德规范的遵守和践行。大学生在培养政治人格的过程中，会逐渐形成较为成熟的道德观念。这种观念包括对公正、平等、法治等核心价值的理解和认同。通过学习和实践，大学生能够形成正确的价值观和道德标准，增强自身的道德素养，从而在今后的生活和工作中，更好地遵循道德规范和社会规则。第三，政治人格可以增强大学生的自我管理能力。政治人格的培育不仅是对大学生政治素养的提升，也是对其自我管理能力的增强。大学生在参与政治学习和实践过程中，需要学习如何管理自己的情绪、处理复杂的社会关系，以及制订和实施计划。这些能力的提升，不仅有助于他们在政治活动中的表现，更对他们的学业、职业发展和个人生活产生积极影响。良好的政治人格能够帮助学生更好地面对挑战，理智地处理问题，提高自我管理能力和组织能力。第四，政治人格有助于大学生形成理性思维和批判性思维。在政治教育和实践中，大学生会接触到各种政治理论、观点和实践案例。通过对这些内容的分析和讨论，学生能够提高自己的批判性思维能力，学会从多角度思考问题，评估不同观点的优劣。这种能力不仅对他们的学术研究有帮助，也对他们今后参与社会事务、做出决策和判断产生积极影响。第五，政治人格可以促进大学生的社会参与意识。大学生在培养政治人格的过程中，会逐渐认识到社会参与的重要性。这种意识能够促使他们主动参与社会事务，关注社会发展，参与公共事务的讨论和决策。通过这种参与，大学生不仅能够提升自己的政治素养，还能够在实践中积累经验，增强社会责任感和使命感，成为积极的社会公民。

2.培育大学生政治人格的具体内容

（1）培育大学生政治主体意识

政治主体意识是个体在社会政治生活中，认识到自己作为社会成员的角色和责任，主动参与政治活动，并为社会发展贡献自己力量的意识。对于大学生而言，培育政治主体意识尤为重要，因为他们不仅是国家未来的建设者和接班人，也是社会变革和发展的积极推动者。第一，加强大学生的政治理论教育。高校应注重政治理论课程的设置，帮助大学生深入了解国家的政治制度、法律法规以及国际政治形势。通过系统的理论教育，使大学生形成对政治的全面认识，理解自身的政治角色和责任。第二，促进大学生参与实践活动。鼓励大学生参与社会服务、志愿活动以及各类政治实践，例如模拟联合国、辩论赛、社会调查等。这些活动能够提供实际的政治参与经验，使大学生在实践中增强政治主体意识，提高社会责任感和公共参与意识。第三，强化大学生的批判性思维训练。培养大学生的批判性思维能力，使他们能够对政治现象和社会问题进行深入的分析和思考。通过培养他们的批判性思维，鼓励他们提出问题、探讨问题，并积极寻求解决方案，这对于形成成熟的政治主体意识至关重要。第四，培养大学生的领导能力和组织能力。在大学生的培养过程中，应重视领导能力和组织能力的训练。通过学生会、社团活动等组织的实践，大学生可以在实际的组织和管理中锻炼自己的领导才能，增强其作为政治主体的自信心和能力。第五，建立良好的校园政治文化环境。高校应营造一个积极向上的校园政治文化环境，举办各种政治主题讲座、座谈会和交流活动，为大学生提供一个讨论和参与政治事务的平台。通过营造良好的政治文化氛围，激发大学生的政治兴趣和热情，增强其政治主体意识。

（2）提升大学生政治认知水平

政治认知水平指个体对政治现象、政治制度、政治过程及其影响的理解和掌握程度。对于大学生而言，提升政治认知水平不仅有助于他们更好地理解社会、参与公共事务，还能在个人成长和未来职业发展中发挥积极作用。第一，加强政治理论教育。高校应将政治理论课程纳入必修课程，通过系统的政治理论教育，帮助大学生掌握政治制度、政治经济学、国际关系等基本知识。课程内容应包括国家的政治体系、法律法规、政治历史等，以提高大学生的政治素养和认知水平。第二，开展社会实践活动。鼓励大学生参与社会服务、实习、志愿活动等社会实践，通过实际的社会经验，帮助他们更好地理解政治和社会问题。例如，参与社区服务项目、公共政策研究项目等，可以让大学生在实践中增加对政治现象的认知。第三，组织政治讨论会和讲座。高校应定期举办政治讨论会、讲座和座谈会，邀请专家学者、政策制定者等进行讲解和交流。通过这些活动，大学生可以了解最新的政治动态、政策变化和社会热点问题，提升他们的政治认知水平。第四，利用现代信息技术。利用互联网、社交媒体和数字平台，提供丰富的政治学习资源。大学生可以通过在线课程、政治新闻网站、政策分析报告等方式获取信息，保持对政治事务的持续关注和学习。第五，培养批判性思维能力。在思想政治教育中，应重视批判性思维能力的培养。鼓励大学生对政治现象进行深入分析和探讨，质疑和验证信息的真实性，从而提高他们对政治问题的独立思考能力和认知水平。第六，推动跨学科教育。政治问题往往涉及多个学科，如经济学、社会学、历史学等。通过跨学科的教育，大学生可以从多角度理解政治现象和政策，从而全面提升他们的政治认知水平。例如，结合经济学和政治学的课程，帮助学生理解经济政策对政治的影响。

（3）培育大学生政治参与意识

大学生正经历从青少年到成年人的过渡期，是逐步形成社会责任感和公民意识的关键阶段。通过培养政治参与意识，可以使大学生认识到作为公民的基本权利和义务，理解政治参与对社会进步的积极作用，提升其对社会事务的关注度和参与度。

这不仅有助于他们个人的全面发展，也能够促进社会的和谐与进步。政治参与意识的培养可以提升大学生的民主素养，使他们能够更好地理解和践行民主原则。在参与的过程中，大学生可以通过各种渠道了解社会问题、政府政策以及法律法规，从而提高他们的政治判断力和决策能力。这对他们未来的职业生涯和社会生活具有重要的指导意义。大学生通常是社会变革和创新的先锋群体，他们的积极参与能够带来新的视角和思路。通过参与各种社会和政治活动，大学生可以对社会问题提出建设性意见，推动社会进步和政策创新。培养大学生的政治参与意识，可以为社会注入新的活力，促进社会的健康发展。首先，鼓励参与实际政治活动。高校应为大学生提供更多参与实际政治活动的机会，如组织模拟联合国会议、模拟选举、社会调研等活动。通过这些实践活动，大学生可以在实际操作中感受到政治参与的意义和影响，增强参与的积极性和自信心。其次，加强校内外政治实践平台建设。高校可以与社会组织、政府部门合作，建立各种政治实践平台，为大学生提供参与社会治理、公共事务管理等实际工作的机会。这些平台不仅可以提升大学生的实践能力，还可以让他们更直接地体验到政治参与的实际效果。最后，鼓励学生学会批判性思维和独立判断。在培养政治参与意识的过程中，大学生应学会批判性思维和独立判断。鼓励他们对各种政治现象和政策进行深入分析和思考，形成独立的观点和立场。这不仅有助于提升他们的政治参与质量，也有助于他们在面对复杂社会问题时做出更加理性的决策。

（4）培育大学生政治实践能力

在现代社会中，政治实践能力已成为大学生应对社会挑战、实现自我价值和贡献社会的重要技能。随着全球化、信息化和社会结构的复杂化，大学生不仅需要掌握理论知识，还需要具备实践能力，才能在复杂多变的政治环境中发挥积极作用。政治实践能力的培养不仅能提升大学生的综合素质，还能为国家治理和社会进步提供有力支持。第一，增强政策理解与实施能力。大学生如果具备较强的政治实践能力，可以更好地理解和实施国家政策。在参与实际的政治和社会活动过程中，他们能够将理论知识与实际问题相结合，提高对政策的理解和执行能力。这种能力对于他们未来在政府机关、社会组织或企业中从事相关工作具有重要意义。第二，提升问题解决能力与创新思维。政治实践不仅涉及理论的学习，还包括问题的识别和解决。在实际的政治活动中，大学生需要面对各种复杂的问题并提出解决方案。这种过程可以提升他们的创新思维和问题解决能力，使他们能够在面对社会问题时，提供创造性和切实可行的解决方案。第三，培养团队合作与领导能力。参与政治实践活动通常需要团队合作，这为大学生提供了锻炼合作与领导能力的机会。在团队中，大学生不仅需要进行有效的沟通与协调，还需要展现领导才能，引导团队解决问题并实现目标。这些能力对他们未来的职业发展和社会生活具有深远的影响。第四，增进社会责任感与公民意识。通过政治实践，大学生能够更深刻地理解社会问题，感受到作为公民的责任与义务。这种实践经验有助于他们形成强烈的社会责任感和公民意识，从而更积极地参与社会治理和公共事务，为社会发展做出贡献。

高校应搭建多样化的政治实践平台，为大学生提供参与政治活动的机会。例如，组织模拟政府会议、社会调研、社区服务、选举模拟等活动，让大学生在实际环境中锻炼和提升自己的政治实践能力。这些实践平台能够帮助他们将理论知识转化为实践经验。鼓励大学生参与校外的政治和社会实践活动，例如，通过参与实习、志愿服务、社会组织等形式，让他们接触到真实的社会问题和政治环境。这种实践能够拓宽他们的视野，提高他们对社会和政治的理解和感受。在政治实践过程中，提供专业的指导和反馈，帮助大学生分析问题、总结经验。指导教师或实践导师应定期对大学生的实践活动进行评估，并提供改进建议。这不仅有助于他们提高实践能力，也能促进他们的持续成长。指导教师还应鼓励大学生在实践过程中进行批判性思维和自我反思，分析实践中的成功经验与不足之处。这种反思不仅能够提升他们的实践能力，还能够帮助他们在未来的工作中避免类似问题，提升实践效果。

（三）培育大学生的道德人格

1.道德人格是大学生人格培育的核心

道德人格指的是个体在道德价值观念、伦理规范和道德行为方面的稳定性和一致性。它反映了一个人在面对道德挑战和伦理困境时的思维方式和行为选择，涵盖了诚实、公正、尊重、责任等基本道德品质。道德人格作为大学生人格培育的核心，具有不可替代的重要性。在大学生的全面发展过程中，道德人格不仅影响他们的个人行为和价值观，还直接关系到他们的社会适应能力和职业发展。道德人格会影响大学生的心理素质，例如自信心、自我控制和压力管理等。道德素养的提升有助于他们在面临挫折时保持稳定的心理状态；良好的道德人格使大学生在社会交往中能够处理复杂的人际关系，建立良好的社会网络，提高社会适应能力；道德人格对大学生的职业道德和职业行为具有直接影响。诚实守信、责任感强的大学生更容易获得职业成功和社会认可。首先，形成稳定的价值观。道德人格帮助大学生形成稳定的价值观和行为准则，这对他们的个人成长和社会适应至关重要。大学生在成长过程中通过道德教育和自我反思，将社会的道德规范和价值观内化为个人的行为准则，从而形成稳定的道德人格。其次，塑造行为规范。道德人格表现为个人在不同情境下的一致性行为，即在面对道德困境时能够坚持自己的道德原则和标准。具有良好道德人格的大学生能够自觉遵守社会规范，做出符合伦理的决策，表现出高尚的品德。最后，提高社会责任感。道德人格促使大学生关心社会问题，积极参与公益活动，承担社会责任，成为有担当的公民。

2.培育大学生道德人格的具体内容

（1）培育大学生坚定的道德信仰

道德信仰作为道德体系的基石，是道德形成的先决条件与精神源泉，同时亦为道德追求的终极目标及至高境界。它居于道德价值观念的核心地位，彰显着崇高的价值理念与人格追求，指引着人们不断攀登道德高峰，追求更为完善的自我。首先，正确认识道德信仰的重要性。道德信仰在大学生道德体系中占据核心地位，它不仅是其精神生活的深层次导向，也是支撑其道德行为的坚实基石。这一信仰体系深刻影响着大学生的价值观构建与道德实践，确保其在多元、复杂的社会环境中保持坚定的道德立场。坚定的道德信仰，为大学生提供了强大的精神力量，并确立了其道德和价值体系，使其行为符合道德规范。其次，树立正确的道德价值导向。正确的价值导向对确立、实现人格目标至关重要。高校应引导大学生抵制享乐主义、拜金主义、极端个人主义等错误思想，追求更有品位、更高境界的人生，树立以爱国主义、集体主义、社会主义为主要内容的道德价值观。最后，传承中华传统美德。道德信仰的塑造，关键在于对中华传统文化中卓越道德传统的深刻认识与积极认同。这些传统美德，作为中华文化的核心与精髓，构成了现代道德文明建设的重要基石。针对当代大学生群体，弘扬中华优秀传统文化对于引导他们树立健康向上的人生观、世界观及价值观具有不可估量的价值。

（2）培育大学生的主体道德责任

大学生作为道德主体，对自身行为负有相应的责任。首先，引导大学生正确认识道德责任。高校应帮助大学生正确理解道德责任，使外在的道德规范内化为自觉的道德自律。辩证地看待道德责任与自由之间的关系，认识到应为自身行为承担相应的道德责任。其次，增强大学生道德责任意识。个体道德责任意识对成就个人、社会和国家至关重要。大学生应具备道德责任意识，实现自身价值，应对挑战。同时，要培养大学生的集体主义道德责任意识，正确认识个人进步与集体发展的关系，引导大学生树立集体主义价值观。此外，提升大学生道德责任感。道德责任感在培育大学生道德人格中尤为重要。高校应通过情感教育、行为实践等多种途径，提高大学生的道德责任感。一是，培养大学生的自我道德责任感，只有理解并承担对自身的责任，才能扩展到对家庭、他人和社会的责任。二是，培养大学生的家庭道德责任感，引导大学生积极为家庭和谐贡献力量，在家庭建设中成为主动的参与者和守护者。三是，培养大学生的社会、国家道德责任感，引导大学生在社会和国家发展过程中，自觉融入爱国情怀，实现自身社会价值。

（3）培育大学生的诚信道德品质

诚信，即诚实守信，是人际关系的道德规范和伦理原则，也是个体在社会关系中应具备的基本品行。大学生作为社会发展的未来，其诚信状况会影响社会诚信环境的建设，因此，培养大学生的诚信道德品质是塑造大学生道德人格的关键。首先，要培养大学生的诚信意识。诚信意识是个体的道德信念和境界，最终形成个体自觉的思想和行为。只有树立诚信意识，大学生才能遵守道德规范，产生诚信行为。诚信意识的培养，能够激发大学生道德情感，最大限度地发挥大学生的主观能动性和创造性，提升其幸福感、满足感和获得感。其次，要培养大学生实事求是的品质。实事求是是诚信道德品质的基础。大学生应具备实事求是的品质，不应受外界环境干扰而改变真实自我，真正做到求真求实，塑造实事求是的道德品质。最后，要引导大学生践行诚信行为。诚信是衡量个体道德水平的重要标准。研究表明，个体的成功不仅取决于智力因素，还取决于意志品质、思想道德等。培育大学生的诚信道德人格，不仅要培养其诚信意识，还要在学习、生活中引导其践行诚信行为。例如：引导大学生诚信考试，是对知识和规则的尊重；引导大学生诚信还款，既是履行义务，又是遵守信用的重要体现；引导大学生诚信就业，是对竞争者和用人单位的尊重，也是相关法律法规的要求。因此，诚信是大学生必须遵守的道德准则，是大学生道德人格中最宝贵的财富。

（4）培育大学生的积极道德行为

大学生道德人格的培育需要落实到道德实践中，将道德认知与道德行为相结合，激发大学生的道德情感，树立正确的道德修养，提高大学生道德行为的自觉性与主动性。首先，引导大学生"德智"统一。"德"是个体的内在修养，通过实践行为将外在的原则、规律内化为人格的重要部分；"智"是个体的智慧或才能，是个体对"德"的正确认识。培育大学生积极道德行为，应以"智"为认知基础，以"德"为实践准则，实现二者的统一。其次，引导大学生做到"三德"统一。一是，"明大德"。高校应引导大学生热爱祖国、热爱人民，以集体利益和国家利益为重，为社会和国家发展贡献自身的力量。二是，"守公德"。引导大学生遵守社会秩序，爱护公共财物，建立和谐的人际关系，将自我价值融入社会价值。三是，"严私德"。引导大学生提升自我修养，强化自我管理、自我调节和自我控制能力，塑造高尚的个人品德。最后，提高大学生失德成本。道德行为缺失的深层次原因，可归结为遵循道德准则所需承担的成本较高，而违背道德规范的后果却相对轻微。高校作为培养未来社会栋梁的重要阵地，应积极应对，采取有效措施以强化大学生的道德行为建设。

（四）培育大学生的创新人格

1.创新人格是大学生人格培育的重要组成部分

创新是推动社会发展的动力。在现代社会中，创新能力决定了一个国家的国际竞争力和综合实力。高校应高度重视创新的必要性与紧迫性，在人才培养中着重培养具备创新意识和能力的高素质人才。创新人格是大学生人格培养的重要组成部分。它不仅反映了学生的创新意识和能力，还体现了他们在面对挑战时的创造性思维和解决问题的能力。在现代社会，具备创新人格的大学生能够更好地适应快速变化的环境，发挥独特的才能，并推动社会进步。因此，在大学生的全面发展过程中，注重创新人格的培养，不仅能提升他们的核心竞争力，也能为社会注入更多具有前瞻性和创造力的人才。大学生创新人格的培养不仅包括鼓励学生提出新思路、新方法，还包括在实践中不断尝试和突破，从而真正将创新精神融入他们的学习和生活中。

2.培育大学生创新人格的具体内容

（1）培育大学生的创新意识

创新意识是指个人在面对新问题、新环境或新挑战时，展现出的主动探索、解决问题的思维和态度。培育大学生的创新人格，应重视大学生创新意识的培养，否则创新实践将变得空洞而无实际意义。首先，大学生应充分发挥自身的主体性。高校应强调大学生自主学习的能力，避免过度依赖教师的指导。大学生应不断提升独立思考和学习的能力，坚定创新信念，将创新意识内化为自身人格特质。其次，鼓励大学生勇于质疑。质疑和提出问题是重要的个性品质，是创新的起点。大学生应养成批判精神，在理性和尊重事实的基础上，敢于挑战权威，勇于突破常规并大胆猜测。最后，引导大学生建立创新思维。创新思维是个体从事创造性活动的关键，能够使个体更好地认识和理解世界。高校应鼓励大学生保持求异心理，培养独特且敏锐的观察力和判断力，形成个性化的创新思维方式。

（2）培育大学生的创新情感

国家的繁荣、社会的发展和个人的成功都离不开创新精神。随着时代的不断进步，创新的作用愈加凸显。具备创新意识和能力的人才，正受到越来越多的关注和认可。首先，培养大学生的创新自信至关重要。自信是创新的基础，它来自积极的自我体验。在传统文化的影响下，我国教育往往侧重于培养"听话的孩子"，这种环境容易导致大学生自信不足、主动性欠缺，对创新产生负面影响。因此，培养大学生的自信心不仅能为其提供积极的心理支持，还能激发他们的内在创新动力。同时，高校应在自信的基础上培养大学生的冒险精神，引导他们探索未知领域，勇于迎接挑战，并能够坦然面对可能的失败。其次，激发大学生的创新兴趣是关键。研究表明，创新教育中最重要的环节是激发兴趣。兴趣是最好的老师，在对某个领域充满兴趣时，个体会自然地投入更多的时间和精力，充满激情地进行探索；反之，缺乏兴趣则会导致动力不足和产生抵触情绪。因此，高校应探索激发创新兴趣的有效机制，引导大学生保持对创新的热情，积极参与创造性活动，并从中获得满足感和情绪体验。最后，帮助大学生在创新中获得成就感。研究表明，高水平的创造力与强烈的成就动机之间存在着显著的正相关关系。具备高度创造力的个体，往往也展现出较高的成就动机，他们倾向于主动承担职责，热衷于投身到开创性的工作之中，并勇于接受具有挑战性的任务。因此，高校应当积极倡导并鼓励大学生投身于创新实践活动之中，以全力以赴的态度去完成任务并力求取得显著的成果，从而在这一过程中获得创新所带来的成就感。

（3）培育大学生的创新意志

意志力是个体在追求目标的过程中表现出的坚定决心和持续努力的能力。具有坚韧不拔、持之以恒的意志力，是成功的创新者的共性特征，也是大学生创新人格的重要组成部分。创新意志使人在面对创新过程中的困难时，能够克服障碍，坚持不懈。法国细菌学家路易·巴斯德曾强调，自己取得成功的关键在于持之以恒的精神；现代化学奠基者约翰·道尔顿认为，自我的成就归功于辛勤的工作和顽强的毅力，而非仅仅依靠天赋。创新是一条充满挑战的道路，没有捷径可言，成功往往需要经历长期的试验和失败。任何创新活动都需要坚定的意志作为支撑，否则很难实现目标。意志力不是与生俱来的，而是通过后天的教育、培养逐步形成的。因此，培养大学生坚韧的意志力是培养大学生创新人格的基础。大学生应学会排除干扰，自律自控，保持严谨的态度，即使面临挫折也要坚定不移地朝着目标前进。创新的过程常常漫长而艰辛，只有那些能够坚持到最后的人，才能最终获得成功。

（4）培育大学生的创新行为

首先，知识学习是创新的基础。大学生的求知欲是推动个人成长与学术进步的核心驱动力。坚实的知识基础不仅是学术探究的起点，更是创新思维的必要前提。缺乏知识的支撑，任何创新的尝试都将缺乏根基，难以持续。大学生应当将学习视为首要职责，致力于深入探索各领域的学术知识，紧跟科技发展的步伐，以确保自身能够把握时代脉搏，为未来的创新实践奠定坚实基础。同时，大学生应保持开放的心态，积极接纳并整合来自不同领域的观点和思想。创新并非孤立的行为，而是需要跨学科、跨领域的合作与交流。因此，大学生应积极参与学术交流活动，与同行及各界专家共同探讨学术问题，以拓宽视野、激发灵感。其次，实践锻炼不可或缺。大学生应当致力于将创新理念融入实践之中，理论探讨虽有其价值，但终究需以实际操作为基石方能展现其真正效用。高校作为培养人才的摇篮，应当积极为大学生提供多样化的创新实践机会，并构建稳固的实践平台，以期有效提升学生的实际操作能力和组织管理能力。通过这些实践活动，大学生不仅能够将自身的创新理想转化为具体成果，更能够为社会与大众提供创新服务，从而在实现个人价值的同时，也促进社会价值的提升。因此，高校应高度重视创新实践教育，为大学生的全面发展与成长奠定坚实的基础。最后，营造宽容的环境。高校应创造宽松、包容的氛围，鼓励大学生提出不同的观点，培养他们的"问题"意识、"怀疑"精神；鼓励大学生突破常规，敢于表达独特见解，并在行动上勇于探索不同的路径。此外，还要引导大学生学会接受创新过程中的"失误"和"失败"，将其视为创新的必经环节，坚持不懈地追求成功目标。

四、人格培育的对策和方法

（一）灌输教育与自我教育相结合

灌输教育是教育者通过特定的方式和手段，将特定的思想和知识传递给受教育者，以引导他们接受知识，形成科学观点。灌输教育的主要特点包括目标性、系统性和计划性。"灌输"意味着将思想或知识像水流一样引导到需要的地方，然而，过去的误解和误用使得"灌输教育"常常被片面地理解为一种"填鸭式"的强制教育，与强迫等负面词汇相联系。实际上，灌输教育在教育活动中具有不可替代的重要性。自我教育，也称为自我修养，指受教育者在教育过程中不仅仅是被动接受知识，而是主动进行自我教育，将外在的思想和知识内化为个体认知和价值观。自我教育在全球范围内被高度重视，因为它为个体进一步学习和成长提供了基础和动力。灌输教育与自我教育之间存在内在的逻辑关系，即灌输教育的目的是通过系统的方式将知识和观点传递给受教育者，而自我教育则强调个体如何通过自我理解和反思将这些外在的知识转化为内在的认知和价值观。换句话说，灌输教育为自我教育提供了必要的"营养"，而自我教育则使这些"营养"得到有效的内化和转化。两者相辅相成，应在教育中有机结合起来。

在大学生人格培育中，这种结合尤为重要。灌输教育向大学生传递人格及相关理论，帮助他们建立相关的知识体系；自我教育促进大学生主动将这些知识体系转化为个人价值观和理想人格。一是，在灌输教育中不仅要传授与人格相关的理论知识，还要引导大学生学会如何分析和解决问题，从而提升他们的自我教育能力。二是，坚持正确的引导和管理，确保大学生在自我塑造过程中不会偏离方向，避免形成不良的人格特质。三是，尊重大学生的主体地位，避免将他们视为被动的教育对象，激发他们进行自我教育的内在动力，从而形成积极的自我人格发展。

（二）显性教育与隐性教育相结合

显性教育是一种正式且系统的教育模式，通常由学校组织，主要通过课堂教学、考试等方式进行。它以直接传授知识和施加影响为特点，长期以来一直是学校教育的主导方式，在培养人才方面发挥了关键作用。显性教育的特点包括直接性、有形性、明确性。第一，直接性。显性教育采用明确的课程教学与课堂讲授等手段，将知识和理论直接传递给学生。借助随堂测验及期末考试等评价机制，对教育成效进行直接、量化的评估。第二，有形性。显性教育的过程通过教室、教材、黑板、试卷等具体载体展现，学生可以直接看到和接触到这些教育工具。第三，明确性。显性教育具有明确的目标，包括教育目的、教学计划、课程目标等，教育内容按照教学大纲进行详细讲解，教育方式也非常清晰，如课堂讲授、讨论和演示等。显性教育的主要特征，是教育者在教学过程中处于主导地位，学生则通常处于较为被动的接受状态。

与显性教育相对的是隐性教育，它不依赖于课堂教学和考试等直观的教育方式，而是通过潜移默化的影响来进行。隐性教育具有隐蔽性、渗透性、深入性等特点。第一，隐蔽性。隐性教育的过程不局限于课本和试卷，而是通过校园文化、社会实践等途径进行；教育目的和内容表现出内隐性和不确定性，通过日常影响和引导使学生得到提升。第二，渗透性。隐性教育的内容不直接写入教学大纲，而是通过自然的方式影响学生。例如，在专业课程中融入思想道德教育或心理健康指导，或者在知识传授中隐性地引导学生的价值观。第三，深入性。隐性教育往往更加贴近学生的内心世界，通过自然的方式进行思想引导，使得学生在潜移默化中接受教育，从而形成更深刻的影响。

显性教育和隐性教育虽然表现形式不同，但在本质上它们的目标是一致的，功能是互补的。因此，在大学生人格培育中，必须将显性教育和隐性教育结合起来，形成有效的教育模式。目前，在大学生人格培养中，隐性教育的作用相对突出，体现在专业课、思想政治理论课、社会实践、校园文化等方面。相比之下，显性教育在大学生人格培育中应用较少，仅体现在心理健康教育课程的某一章节中，导致现阶段的大学生人格培育效果不佳。因此，高校应着重改变大学生人格培育中"轻显性、重隐性"的教育现状。一方面，高校应充分发挥隐性教育的作用，利用各种教育资源，潜移默化地引导大学生形成理想人格品质。另一方面，应加强显性教育课程建设，明确教育目标和内容，以更系统的方式提升大学生的人格素养。总之，显性教育和隐性教育应相互配合，共同促进大学生的健康成长和全面发展。

（三）榜样教育与警示教育相结合

榜样教育是一种利用先进人物的事迹、精神和魅力来引导大学生树立思想和价值观的教育方法。通过展示榜样的成功经历和优秀品质，激发学生的情感共鸣，帮助他们树立积极的价值观和道德标准。榜样教育在提高大学生道德素养、规范行为和培养正确价值观方面具有重要意义，是高校大学生人格培育的有效途径。警示教育则通过宣传危险事件及其后果，提醒学生汲取教训、提高警惕。警示教育侧重于预防和管理，通过"提前教育"的模式，在问题发生前做好预防，具备较强的前瞻性。警示教育的内容涵盖心理危机、日常行为规范、安全问题、学业问题和诚信廉洁等方面。常见的警示教育方式包括案例分析、情景模拟、违纪通报、观看相关音像资料等。榜样教育和警示教育在教育目标和方式上存在不同：榜样教育通过正向激励和心理认同，引导学生向榜样学习；警示教育则通过负向警示和心理抵制，提醒学生避免错误。

在大学生人格培育中，将二者有机结合尤为重要。一方面，应充分挖掘和利用榜样资源，激发大学生的积极性。一些榜样人物与大学生的实际生活距离较远，影响其感染力。因此，高校应更多关注学生身边的榜样，如教师或同辈群体，他们的言行和人格魅力对大学生的成长有着直接的示范效应。挖掘和树立身边的榜样，有助于提供更贴近学生实际的榜样力量。另一方面，通过真实的反面案例，如极端心理危机事件等，帮助学生从失败中学习和反思。值得注意的是，警示教育需要注意避免过度预防引发学生的心理反感。总之，榜样教育和警示教育在大学生人格培育中扮演着重要角色，有效结合这两种教育方法，能够更全面地促进大学生的健康成长和人格发展。

（四）线下教育与线上教育相结合

线下教育是一种传统的教育模式，表现出两方面优势。一是，教学体验真实。在教室中，师生对周围环境较熟悉，这种熟悉感减少了外界干扰，使学习氛围更加舒适。此外，师生可以通过肢体语言、面部表情和语言交流来进行即时沟通和反馈，有助于教师实时把握教学进度，及时发现并解决教学中的问题，确保教学质量。二是，师生关系紧密。线下教育中的师生互动没有屏幕的隔阂，师生之间的交流更为直接和生动。这种面对面的互动更容易建立亲切感和信任感，从而提升教学效果。近年来，互联网技术快速发展，线上教育作为线下教育的有力补充，已经成为一种趋势。新媒体平台、移动智能设备等极大地改变了人们的学习和生活方式。例如，许多高校开始利用VR技术，使学生在虚拟环境中体验教学内容，深受学生喜爱。

如何将线上教育与传统线下教育相结合，是高校教学改革的重要课题。在当前日新月异的时代背景下，对于大学生的人格培育工作，必须紧密贴合时代脉搏，同时严格遵循教育的基本规律与原则。具体而言，需从两大维度着手。第一，深入发掘并有效运用线下教育的精髓。传统的课堂教学，作为知识传授与人格塑造的重要平台，其核心价值不容忽视。我们应当通过优化课程设置、提升教学质量以及强化师生互动，来进一步巩固并提升线下教育的优势，助力大学生塑造积极向上的理想人格特质。此外，社会实践活动作为连接理论与实践的桥梁，也是人格培育中不可或缺的一环。通过组织丰富多彩的社会实践活动，引导大学生深入社会、了解国情，从而在实践中锤炼意志、增长才干、陶冶情操。第二，积极探索并充分利用新媒体与新技术带来的教育创新机遇。随着信息技术的飞速发展，VR技术、大数据、人工智能等新型技术正逐步渗透到教育领域，为大学生人格培育提供了更加广阔的空间和更加丰富的手段。我们应积极拥抱这些变化，通过开发新型线上教育平台、构建网络教育生态系统以及优化线上教育方法等措施，为大学生提供更加便捷、高效、个性化的学习体验。总之，综合运用线上、线下教育方式，能够有效促进大学生的全面发展，推动大学生人格培育的协同育人新模式。

第三节　人际关系教育

大学生作为一个独特的社会群体，面临着来自各个方面的挑战，这使他们的人际关系出现了新的特征。因此，开展大学生人际关系的相关研究具有重要意义。一方面，进行大学生人际关系研究，有助于丰富高校管理理论体系。高校管理者应不断更新管理理念，运用新型管理方法解决大学生人际关系中的问题，提升高校管理的科学性和有效性。另一方面，开展大学生人际关系教育，能够帮助大学生更好地掌握人际互动策略和沟通技巧，及时识别和理解他们在社交互动中遇到的具体问题和挑战，提升他们的情感智力和社交能力。通过不断探索和完善大学生人际关系教育，能够促进大学生身心健康，最终实现个人与社会的和谐发展。

一、人际关系的基本概念

（一）人际关系

人际关系，作为人类社会活动中的重要组成部分，涵盖了亲子、朋友、师生、同学等多种类型的关系网络。这一领域是社会学、心理学、教育学等多个学科共同关注的研究对象，其研究视角和范畴各具特色，从而形成了多样化的理解和阐述。

从社会学的视角出发，人际关系被视为个体在社会结构中扮演不同角色时所形成的社会关系的总和。这些关系是在社会实践中，通过个体间的相互作用而逐渐形成的，旨在满足个体的生存与发展需求。社会学强调，人际关系不仅仅是个人间简单的交往行为，更是社会结构、规范与制度在微观层面的具体体现。

心理学则侧重于探讨人际关系中个体的认知、情感与行为之间的复杂互动。它认为，人际关系建立在人际认知的基础之上，以情感为纽带，最终通过行为得以展现。在这一过程中，认知、情感与行为三者相互依存、相互影响，共同构成了人际关系的心理维度。《中国大百科全书·心理学》对人际关系的定义进一步明确了其心理层面的内涵，指出人际关系是人们在共同活动中，基于相互需求而建立的心理联系，其表现形式包括心理距离、心理倾向及相关行为等。

尽管各学科对人际关系的定义有所不同，但它们存在一些共性。首先，人际关系依赖社会存在。人类与动物的本质区别在于人类的社会性，个体无法脱离社会存在，人际关系也因此在社会中形成，具有社会性。其次，人际关系能够满足个体的心理需求。虽然心理关系无法直接感知，但是可以通过表情、语言和行为等方式表现出来，实现个体心理需求的满足。最后，人际关系是在互动中产生的。如果人与人之间没有交流和互动，人际关系便不会存在。

（二）大学生人际关系

大学生人际关系是大学期间，大学生在学习、生活等实践中交往互动而建立的心理联系，是高校人际网络中的重要组成部分。狭义上，大学生人际关系指的是大学生在校期间，与个体或群体交往互动中形成的关系，包括师生关系、同学关系、朋友关系等。这些关系主要集中在大学生活的日常互动中，如与教师、同学的互动，以及与朋友的交往。广义上，大学生人际关系涵盖了大学生在校园内外通过各种交往互动所形成的所有关系，不仅包括师生关系、同学关系、朋友关系，还包括与家庭成员的关系以及与社会人士的关系等。

二、人际关系教育的原则

（一）以人为本

在高校大学生的人际关系教育过程中，必须坚持并贯彻以人为本的核心理念，以确保教育工作的方向正确，同时有效激发并引导学生发挥其主观能动性，进而最大化地释放其个人潜能。首先，人际关系教育应牢固树立"以学生为本"的教育理念。这意味着必须深入理解并充分尊重学生，重视他们的意见与建议，确保学生的合理需求得到及时响应与满足。其次，为了实现教育目标，必须积极采取措施，充分调动学生的积极性与主动性。高校教育工作者应与学生保持沟通，倾听学生心声，关注学生生活，帮助学生解决实际问题，进而保证人际关系教育取得成效。此外，在协调人际关系的过程中，高校应积极开发学生的价值与潜能，激发学生的创造力，强化相互包容、合作和促进的人际关系理念，注重挖掘大学生的能力和价值。

"以人为本"的教育理念在人际关系教育领域的体现，深刻贯穿于教育、管理及服务三个维度。在教育层面，现代教育体系应坚定不移地确立学生主体地位，视大学生为教育活动的核心参与者。高校在推进人际关系教育时，必须紧密贴合学生需求，运用丰富多样的教育策略与工具，激发学生的内在潜能，促进其综合素质的全面提升。在管理维度上，倡导一种尊重与鼓励并重的管理哲学，强调在管理实践中充分尊重大学生的个性差异，积极引导他们展现个人风采，同时注重情感教育的渗透，以科学的方法指导学生的思想观念与行为举止，助力其健康成长。至于服务方面，高校应当牢固树立服务学生的宗旨意识，致力于构建优质的学习生态与校园环境，为大学生的全面发展创造有利条件。总之，高校大学生人际关系教育应坚持以人为本原则，创造促进大学生身心健康发展的条件和氛围，帮助大学生充分发挥自身潜能，从而实现大学生全面发展。

（二）理论联系实际

理论联系实际是个体认知活动的基本规律。个体掌握知识的过程，本质上是一个不断深入的认识过程。这一过程始于实践，通过从直观的体验到抽象的理论，再回到实践中进行验证和应用。实践是个体需求与客观现实相结合的过程。个体的需求来源于实践，这些需求的实现也依赖于实践。

在高校大学生人际关系教育中，理论联系实际原则尤为重要。大学生人际关系的培养涉及知识、情感、意志和行为等多个方面，教育的关键在于将这些理论知识转化为实际行动。因此，人际关系教育必须将人际关系理论融入大学生发展的各个方面，包括知识的学习、情感的培养、意志的锻炼和行为的实践。人际关系教育需引导大学生将人际关系理论应用到日常生活、实践活动和社会交往中，从而在真实的互动中学会如何关爱、尊重、理解他人，最终建立起健康和谐的人际关系。

（三）平等原则

社会主义和谐社会的核心在于将公平与正义作为人际关系的基本准则。为了消除经济社会中的不和谐因素，需要采取多种措施促进人们的和谐关系。然而，由于我国社会生产力的不平衡发展，彻底消除不公平现象和实现全面和谐是一项长期而艰巨的任务。在建立良好人际关系过程中，平等待人是基本条件。心理学研究发现，人们普遍希望受到平等对待，并渴望在人际交往中获得尊重。因此，只有以平等原则为基础，人际交往才能变得更加真诚和融洽。

在高校大学生人际关系的教育框架内，平等原则构成了其核心理念的重要组成部分，具体体现在两个关键维度上。首先，就师生关系而言，必须构建一种基于平等原则的新型互动模式。高校应当积极营造民主、和谐的学术与教学环境，致力于形成一种以人格平等为基石的现代师生关系。在这样的关系框架下，学生方能感受到充分的尊重与支持，进而勇于自由表达个人观点，促进师生间更为坦诚与深入的交流，这对于大学生的学习与全面发展具有积极的推动作用。其次，在大学生与他人的日常交往中，平等原则同样应当成为其行为准则。只有在坚持平等交往的基础上，才能真正构建出和谐、稳固的人际关系，加深彼此间的理解与合作。这一原则不仅是个人成长与发展的基石，也是构建和谐校园文化氛围的重要保障。

（四）集体主义

个体的价值和意义是社会赋予的，个体只有在社会中才能真正体现其本质。同样，社会本身也不是一个抽象的概念，而是由层次不同、形态各异的集体构成的网络和同心圆。因此，个体与集体之间是紧密相连的。集体是个体存在的社会形式，个体则是集体的基本单位。集体主义不仅承认个体的正当利益，还要求集体代表广大社会成员的需求，并通过合理的社会组织方式最大限度地满足这些需求。

高校在人际关系教育中，应坚定不移地遵循集体主义原则，并着重从以下两方面进行引导。首先，增强大学生的责任感与奉献精神。学生需深刻理解并承担起个人的社会责任与义务，积极投身于社会公益与集体事务之中。在面对个人利益与集体、社会利益相冲突之时，应秉持大局观，以集体利益为重，主动牺牲个人利益，以维系个人与社会、国家之间的和谐关系。其次，高校应致力于培养大学生的宽容心态与合作精神。社会作为一个复杂的有机体，其成员间相互依存、共同发展。为实现社会的整体进步，大学生需树立团结协作的理念，摒弃分裂与对立的思维。他们应秉持"以礼相待，不越界而行"的原则，以及"德行厚重，能承载万物"的胸怀，优先考虑集体与社会的利益，共同追求互利共赢的局面。因此，高校在人际关系教育过程中，必须以集体主义精神为指引，帮助大学生正确应对社会中的各类矛盾与冲突，积极构建和谐、稳定、互信的人际关系网络。

三、人际关系问题与原因分析

（一）学校因素

大学阶段对于个体的发展至关重要，是个体形成和优化交友观的关键时期。高校不仅应指导大学生如何建立和维护健康的人际关系，还要帮助他们有效地解决关系中的冲突，培养他们的情商。高校在领导层面、教育质量、校园文化和生活环境等方面，很大程度上影响着大学生的人际交往方式。

1.领导层面

高校领导者在学校的发展中起着关键作用，其决策不仅影响学校的整体方向，还直接关系到大学生的学习和生活体验。高校领导者对教学、科研或特定学科的重视程度，直接决定了学校的发展重点。例如，专注于教学的领导者会致力于将学校建设成以教学质量为核心的高水平学府；重视科研的领导者则会推动学校成为科研创新中心；而关注某一学科的领导者则会推动该学科的深入发展。这些决策不仅影响学校的长远发展，还直接关系到师生的成长。因此，高校领导层面对大学生人际关系的关注程度，能够显著影响大学生的社交环境。如果领导者重视人际关系，将有助于大学生建立积极和谐的人际网络，减少校园冲突；反之，则可能导致校园纠纷，甚至出现更严重的问题。

高校领导者重视大学生人际关系教育，可能带来以下几个方面的积极变化。第一，改变教育理念。领导者对人际关系的关注能够推动高校从传统的以知识为主的教育模式，转向更加重视情感和人际交往的教育模式。这种转变将使大学生在获得知识和技能的同时，更加注重情商和社会交往能力的培养。第二，促进全校参与。重视人际关系的领导者会促使整个学校体系都关注这一问题。管理者会制定有助于和谐人际关系的政策和制度；课程设计者会增加与人际交往相关的课程；辅导员将加强对大学生社交技能和心理健康的教育；教师则会在日常教学中成为良好人际关系的榜样。第三，增加资源投入。高校对人际关系的重视还可能体现在对资源的投入上。资金能够支持开发符合现代需求的多样化社交平台，为校园社交网络提供物质保障，并为大学生提供安全、健康的交往环境。此外，资金也可以用于建立更多心理咨询室，帮助大学生解决因人际关系问题引发的心理困扰。

2.学校教育

学校教育在引导大学生的观念和行为方面扮演着至关重要的角色。当前，一些高校重应试而轻人际关系的教育模式、重讲授而轻体验的教育方式、重知识而轻情感的教育内容，对大学生的人际关系问题产生了不可忽视的影响。这些因素不仅制约了大学生的情感发展，还导致他们人际的交往能力不足。

（1）传统教育模式

在当前的高等教育体系中，应试教育依旧占据着核心地位，导致大学生的学习焦点往往聚焦于"分数"之上。此种以学业成绩为核心的评价体系，促使大学生群体过分关注考试结果，而教师则倾向于将精力集中于课本知识的传授。这一现状使得知识掌握程度成为衡量大学生能力的主要标尺，进而引发了对智力因素的过度倚重，同时忽略了非智力因素的培育。在传统教育观念的框架下，高校往往将资源倾斜于专业课程等与智力发展紧密相关的领域，而对于与大学生日常生活及未来发展同样至关重要的非智力因素，如人际关系处理能力等，则未能给予足够的重视。特别是针对人际关系这一关键非智力因素，高校所开设的相关课程不仅数量有限，且往往未能形成系统的教学体系。因此，高校应当深刻反思当前的教育模式，积极调整课程设置，以更加全面、均衡的视角审视大学生的成长需求，加强对于非智力因素相关课程的投入与建设，特别是要加大对人际关系课程的重视力度，从而为大学生的全面发展奠定坚实的基础。

（2）讲授型教育方式

高校大学生人际关系课程，可以通过讲授型教学、实践辅导、合作学习等多种教学方式进行。随着网络时代的到来，多媒体技术对教学方式产生了深远影响，教师能够以更加丰富的方式呈现教学内容，帮助学生更好地理解和掌握知识。然而，多媒体设备在课堂上的日益普及，使师生对其逐渐形成依赖。教师生动的讲授变得越来越少，取而代之的是对着多媒体设备进行简单的内容传达。如果大学生人际关系教育以这种单调的教学方式呈现，将显得更加苍白无力，不利于大学生人际交往能力的发展。

（3）知识型教育内容

人际关系是大学生心理健康教育的重要方面。但在目前高校课程设置中，人际关系教育并未单独设立，而是作为大学生心理健康教育的一部分。大学生在学习人际关系相关内容时，往往只接受理论知识，而缺乏通过案例分析和实践活动来实现情感上的成长。虽然知识型教育可以帮助大学生理解人际关系理念，并掌握一些人际交往技巧，但过于侧重理论内容往往无法提供真正的情感体验。因此，知识型教育内容对大学生人际交往观念和行为的影响有限，难以有效促进他们在实际交往中的发展和提升。

3. 校园文化环境

校园文化是在学校发展过程中自然形成的，反映了师生在思维模式、价值观念、生活方式和行为规范上的独特精神氛围。人际关系在校园文化中占有重要地位，良好的人际关系有助于营造健康的校园文化，而和谐的校园文化又能促进人际关系的发展。丰富的校园文化活动能够为大学生提供合作学习和真诚交流的机会，在人际互动中逐渐形成非正式行为规范，促进其人际交往能力的提升。

网络时代背景下，网络文化已成为校园文化的重要组成部分。网络文化不再仅仅是信息传播的平台，而是校园文化的延伸。健康、合理的网络活动能够在其发展过程中形成独特的传统，为大学生提供良好的网络交往平台，潜移默化地影响他们的交友观和网络使用方式。良好的校园文化环境，不仅能够促进大学生健康、积极的人际关系，还能减少同学之间的摩擦，为网络交往创造和谐的氛围，进而加强大学生的社交行为。

4. 校园生活环境

校园宿舍生活既为大学生建立人际关系提供了便利，同时也成为冲突和矛盾的集中地。首先，高校在宿舍管理上通常采取简单机械的方式，主要依靠基本的管理制度来进行约束。宿舍管理员的职责大多限于开关门和登记损坏情况等，与学生之间的交流非常有限。因此，当宿舍内部出现冲突时，往往需要辅导员介入处理。其次，宿舍是校园生活的重要空间，舍友之间的频繁交流能够促进彼此的亲密关系。然而，这种密切的互动也容易引发矛盾。宿舍成员通常来自不同的地方，各自的性格特点、生活习惯和行为方式差异很大，这种多样性可能对大学生人际关系的建立和发展形成挑战。最后，宿舍文化对大学生人际关系的影响也不可忽视。和谐的宿舍文化有助于大学生拓宽人际交往范围，促进良好关系的形成；如果宿舍内部充满矛盾和冲突，则会阻碍大学生人际关系的建立，甚至使他们逃避现实冲突而转向网络，导致过度依赖虚拟社交的现象发生。

（二）家庭因素

家庭是个体的第一所学校，父母是孩子最初的引导者，因此家庭在个体的发展中起着不可或缺的作用。当代独生子女受到极大的宠爱，家庭中以子女为中心的教养方式容易使孩子形成"我为中心"的思维模式。这种自我中心的心态使大学生在与同学交往时表现出消极被动，总是等待他人主动靠近。同时，自我中心的观念也容易引发大学生与同学之间的矛盾。为了避免冲突，大学生往往选择在网络上建立关系，最终导致他们的社交圈中充斥着"熟悉的陌生人"。溺爱型教养方式使孩子在单纯的环境中成长，面对复杂的网络世界时容易被蒙骗，并导致他们在真实的人际交往中缺乏信任。

家庭经济状况对大学生的人际关系也产生深远的影响。一方面，家庭经济状况较差的大学生在人际交往中常常感到自卑，而网络世界的平等性使他们在虚拟环境中能够找到归属感，导致网络依赖；另一方面，经济困难的大学生在选择交往对象时，可能会更加关注自身利益，考虑经济因素。此外，父母的价值观也会对大学生的心理和行为产生重要的影响。在政府工作的父母可能会灌输"学而优则仕"的理念，而经商的父母则可能会强调利益导向。这些潜在的因素逐步塑造了大学生的恋爱观和交友观，进一步影响他们的人际关系。

（三）社会因素

大学是个体进入社会的关键过渡阶段，常被称为"小社会"。个体依赖于社会存在，社会发生的任何变化都可能波及每个个体。随着网络的迅速发展，大学生获取信息的方式变得更加便利，影响也更加迅速。因此，大学生人际关系受到社会氛围的显著影响。

1.社会转型

社会转型，即传统社会向现代社会的深刻转变，引发了社会各层面的广泛变革。在此进程中，个体的内在世界与外在行为均经历了显著的变化，其中价值观、思维模式、生活方式及行为准则等方面尤为突出。特别地，在人际交往的维度上，情感因素的传统主导地位逐渐淡化，取而代之的是日益增强的利益导向观念。这一趋势反映了社会竞争态势的加剧，促使人们在社交互动中更加倾向于追求实际效益与结果。随着社会转型的持续深化，传统与现代之间的张力愈发凸显，形成了文化冲突、价值观碰撞及行为规范差异等多方面的矛盾。特别是在信息流通高度发达的网络时代，多元文化的交流与碰撞更为频繁，对大学生群体的人生观与价值观产生了深远的影响。作为社会未来的中坚力量，大学生的人际关系模式也在此背景下发生了显著变化。他们展现出更强的独立性与自主性，更加重视个人价值的实现与追求。然而，这一过程中也伴随着诸多挑战与困惑，如何在新时代背景下构建健康、稳定且富有成效的人际关系，成为大学生群体亟待解决的重要议题。

2.市场经济

随着市场经济的持续快速增长，社会经济收入实现了稳步增长，人民生活水平显著提高。然而，这一进程也不可避免地导致了贫富差距的逐渐拉大。在此背景下，"利益"因素日益凸显，成为社会公众普遍关注的焦点。在追求个人利益的过程中，部分人群出现了不择手段、违背道德与法律的现象。大学生作为社会的重要群体，其价值观与行为模式对社会具有深远影响。当前，受到市场经济与网络环境的双重作用，大学生在人际交往中呈现出明显的功利化倾向。他们更加倾向于以金钱和物质利益为导向，而忽视了情感与精神的交流。这一现象不仅削弱了大学生之间的情感纽带，还可能对其个人成长与社会融入产生不利影响。

3.就业压力

高校扩招和网络信息时代的到来使社会竞争变得愈加激烈，因此，就业压力成为大学生面临的重大挑战。网络为就业信息的发布提供了公平的平台，但是由于关注点和获取方式的不同，大学生接收到的信息可能各不相同，更加凸显了信息共享的重要性。如果信息获取不对称，则可能引发大学生人际关系的矛盾和冲突。

（四）自身因素

大学生作为社会重要群体，具有其独特的特性。第一，大学生对新事物的适应能力较强；第二，大学生具备较强的可塑性，表现出显著的发展特征；第三，大学生往往具有较强的自主意识。然而，这种对新鲜事物的渴望，可能导致大学生在复杂的网络环境中迷失自我，受到负面信息和文化的影响，沉溺于虚拟世界中，进而形成扭曲的人生观。

1.人际认知

个体认知是情感和行为的基础，人际认知则是大学生人际关系建立、发展、维持的关键。在这一过程中，认知不仅是起点，还深刻影响着关系的质量。网络时代，大学生对人际关系的认知已经从现实扩展到虚拟环境，这种变化也显著影响大学生的社交互动。人际认知包含对自我、他人和社交关系的理解。自我认知是个体对自身存在的理解，包括对心理、身体和社会活动的感知。大学生在自我认知方面往往难以平衡，过于高估自我可能导致自傲，容易引发人际冲突；而自我认知过低则可能导致自卑，缺乏信心，逃避社交。自我认知偏差可能导致大学生转向网络，寻求虚拟人际关系，甚至出现网络依赖。他人认知，作为人际交往中的核心要素，指在相互交往的过程中，个体对他人所持有的理解与评价。对于大学生群体而言，构建合理的他人认知体系，对于促进人际关系的健康发展具有至关重要的作用。过高或过低的认知评价，均可能对交往的质量产生不利影响。在虚拟环境中，由于缺失了直观的面部表情和肢体语言等非语言信息的支持，大学生对他人的认知往往仅依赖于语言这一单一渠道。这一局限性，无疑增加了准确、全面理解和评价他人的难度，进而可能对大学生人际关系的建立和维护构成挑战。此外，社交关系认知作为大学生对人际关系深层次理解的体现，其形成过程极易受到多种心理效应的影响，包括但不限于刻板印象、近因效应、首因效应以及晕轮效应等。这些心理效应可能在无意识中扭曲大学生对他人及人际关系的认知，进而影响其社交行为和决策。因此，对于大学生而言，在虚拟环境中提升社交认知能力，以更加理性、全面和客观的态度去理解和评价他人，是建立和维护健康人际关系的重要前提。网络时代减少了大学生面对面交流的机会，使社交关系认知受到更大的挑战。尽管网络社交中互动频繁，但往往使大学生之间的真实感知减少，导致人际关系疏离或陌生化。

2.人际情感

人际情感是通过互动过程而产生的一种情感体验，反映了个体的喜好和厌恶。积极的情感体验有助于大学生之间建立更深层次的联系；消极的情感体验则可能使他们逃避现实，沉溺于网络世界。情感障碍不仅妨碍大学生的社交关系发展，还可能导致在交往中产生的争执、矛盾和冲突。自卑或自我封闭，容易导致大学生缺乏社交自信与安全感，甚至回避现实生活中的社交场合。这些情感障碍促使大学生在网络中寻求社交隐秘性，沉迷于虚拟社交，甚至在网络中构建理想化的自我形象，导致大学生多重身份的产生和角色混乱。此外，从众心理使大学生缺乏独立思考能力，往往随波逐流，跟随他人的观点和行为。网络时代背景下，许多大学生在宿舍中一同打游戏、网购，用餐时集体玩手机、点赞等行为使他们容易忽略自身想法，进而影响其人际关系质量。嫉妒心理则表现为大学生对他人的优点和成就的不满，这种情绪可能导致复仇心理的产生，通过现实或网络的方式对同学进行报复。这些不良心理状态是情感障碍的具体表现，也是影响大学生人际关系的重要因素。

3.人际交往行为

人际交往在大学生涯中扮演着举足轻重的角色，它是个人成长与发展的基石，同时也是塑造健全心理与积极人生态度的关键要素。行为，作为认知与情感的终端表达，对大学生的人际交往成效具有决定性影响。优质的人际交往行为，诸如积极主动、尊重他人、有效沟通等，为大学生融入集体、构建稳固和谐的人际关系奠定了坚实基础。这些行为不仅促进了学习上的互助与支持，还增强了情感上的归属感与安全感。如今，人际交往的范畴已超越传统的面对面互动，网络交流已成为大学生人际交往不可或缺的一部分。借助网络平台，大学生能够跨越地域界限，与更广泛的人群进行交流与合作。然而，这也对大学生的交往行为提出了更为严格的要求，网络交流强调自律性、诚信意识及网络礼仪的重要性。相反，不当的人际交往行为，如孤僻冷漠、自私自利、恶意攻击等，将严重损害大学生之间的人际关系，甚至可能引发一系列负面后果。例如，宿舍作息习惯和生活方式的差异、网络交流中的言辞随意性，都可能引发大学生人际关系的矛盾和冲突。在矛盾或冲突发生后，大学生通常不积极解决问题，而是选择等待他人来处理或直接忽视。溺爱环境中成长的大学生，往往缺乏自我管理的能力，这种自我约束的不足在网络时代尤为明显，使他们容易沉迷于虚拟世界。这些不恰当的人际交往行为对大学生人际关系均会产生消极影响。

4.人际交往技巧与策略

人际交往技巧与策略在大学生人际关系构建中扮演着重要角色。熟练掌握并运用这些技巧与策略，有助于大学生在社交场合中赢得他人的尊重与信赖，进而满足其交友需求，构建起和谐稳定的人际关系网络。反之，若缺乏适当的人际交往方式，大学生则可能陷入社交困境，面临他人不满甚至排斥的风险，从而阻碍其构建积极健康的人际关系。随着信息技术的飞速发展，网络社交已成为大学生日常生活中不可或缺的一部分。在网络社交中，大学生应秉持严谨、稳重、理性的态度，遵循网络社交的规范与礼仪，以准确、恰当的方式表达自己的观点与情感，促进与他人的有效沟通与理解，共同维护网络社交环境的和谐与稳定。然而，由于目前教育体系对大学生人际关系教育的重视不足，许多大学生在成长过程中缺乏与他人有效交往的能力。他们渴望关心同学却不知道该如何表达；想要耐心倾听却表现出焦虑情绪；想要提供帮助却无从入手；想要婉拒请求却难以开口。尊重、倾听、沟通、拒绝等人际交往的基本技巧，以及根据不同对象采取合适策略的能力，是大学生人际交往中必不可少的素养。不当运用人际交往技巧和策略，可能阻碍大学生的社交行为，进而影响大学生人际关系的发展。

四、人际关系教育的对策和方法

高校大学生人际关系教育，作为一项庞大而系统的工程，其成功实施需紧密结合社会经济发展的脉络，并依托全社会的广泛参与和共同努力。高校应将教育的根基深深扎入大学生的基本行为之中，通过正面引导，促使他们在与家庭成员、师长及同窗的交往中，始终坚持并践行诚实守信、言行一致以及和谐共融的核心价值理念。这不仅是对大学生个人品德修养的锤炼，更是为构建健康、稳定、和谐的社会人际关系奠定坚实基础的重要举措。

（一）重视心理健康教育

心理健康教育在大学生人际关系教育中发挥着主导作用。大学生心理健康教育不仅帮助大学生理解自身情感与行为，还能够促进他们掌握恰当的社交技能和实现健康的人际互动。通过心理健康教育，大学生能够更好地管理情绪、理解他人，并在交往中形成积极的沟通方式，从而增强人际关系的和谐与稳定。心理健康教育为学生提供了必要的人际交往工具，帮助他们应对社交挑战，建立支持性的社会网络，最终促进全面的心理健康与社会适应能力。

在大学生心理健康课程中加强人际关系教育，主要涉及以下几个方面。第一，重视文明礼仪教育，教授学生在各种场合中应遵循的文明礼仪和举止，强调维护公共秩序的重要性；第二，培养大学生理解他人、真诚待人、言行一致的品格；第三，增强大学生公正、平等的竞争意识与责任感，培养他们承担家庭和社会责任的能力；第四，帮助大学生养成良好的学习习惯，合理应对生理和心理压力，正确认识与评价自我，协调与周围环境的关系，勇于面对现实挑战。在心理健康课程中，人际关系教育的核心在于让学生认识到人际关系对人生的深远影响，掌握健康人际交往的基本原则，学会处理与不同人群的关系，提升人际交往能力，消除社交障碍，缓解社交压力，最终建立良好的社会支持系统。

（二）融入专业课程

人际关系教育与专业学科教学的深度融合，对于推动大学生综合素养的全面提升具有深远意义。在此过程中，专业课教师应充分发挥学科特性，把握教学契机，深入挖掘并有效利用能够促进大学生人际关系健康发展的教育资源，将其有机融入专业课程的教学实践中，以培养学生的尊重、平等、诚信等核心价值观念。对于文科类专业而言，教师应依据各自专业的独特优势，精心策划并丰富人际关系教育的内容，将诚信典范、传统美德、相关历史事件及名言警句等素材巧妙融入课堂教学，以增强学生的文化自觉与道德自信。特别是在法律专业的课程中，教师应着重强调社会和谐不仅是道德层面的基本要求，更是法律层面的重要责任，通过具体而生动的案例教学，深化学生对感恩、诚信及生命价值的理解与认同。对于理科类专业而言，虽其学科特性与人文教育看似存在一定的距离，但实则亦能在坚持科学精神与严谨态度的同时，融入人际关系教育的理念。教师应通过展示专家、学者严谨求实的科学态度、求真务实的科研精神以及他们优秀的个人品质，对学生进行潜移默化的影响与引导。在实验教学环节，教师应特别强调诚信与严谨的重要性，鼓励学生以认真负责的态度对待每一个实验细节，通过勤奋努力获得真实可信的实验结果。在考试等评价环节中，教师亦应提醒学生秉持"和谐"理念，坚决抵制任何形式的作弊与不正当竞争行为，以维护良好的学术风气与校园秩序。

（三）做好学生管理工作

高校应将校规与道德规范相结合，把人际交往的原则融入相关制度中，使其渗透到日常管理中，充分发挥规章制度在规范大学生行为方面的作用。同时，学校要采取有效措施，对不良的人际交往行为给予适当的制裁，对和谐的人际交往行为则给予积极的奖励。通过不断的人际交往实践，提高大学生人际交往能力，促进大学生人际关系发展。此外，全体教职员工应摒弃"大学生人际关系教育是个别负责人的事情"的观念，人人都应以身作则，成为学生的榜样。在学生管理过程中，应始终坚持"以学生为中心"的理念，从学生的实际需求出发，将人际关系教育落实到实际行动中。

（四）加强校园文化建设

大学生的人际关系教育，本质上不仅是关于理念的传授，更是一种对深厚文化传统的继承与弘扬。作为中华优秀传统文化不可或缺的一环，培养良好的人际关系在当代社会主义市场经济中占据着举足轻重的地位。因此，高校在推动人际关系教育时，应当积极寻求将优秀传统文化与西方现代人才管理理念相融合的途径，以此为基础，构建独具特色的校园文化体系。在校园这一大学生活动的主要场所中，人际关系教育不应仅仅局限于教师的课堂讲授，而应更加深入地与校园文化建设相结合，充分展现其独特的教育魅力和深远的社会意义。高校应当充分发挥其教育引导功能，通过精心策划和组织一系列丰富多彩的以人际关系为主题的教育活动，如专题讲座、知识竞赛、演讲比赛、文艺表演等，来激发学生的参与热情，提升他们的综合素质。此外，为了进一步扩大人际关系教育的影响力和覆盖面，高校还应充分利用校园广播、校报、网络等多元化的宣传渠道，广泛传播人际关系教育的先进理念和成功经验。通过这些举措，不仅可以营造出和谐、友善、包容的校园文化氛围，还可以有效推动人际关系教育的深入开展，为培养更多具有高尚品德和良好人际关系能力的高素质人才奠定坚实的基础。

（五）开展社会实践活动

高校大学生人际关系教育，不仅需要扎实的理论基础，还应与实际社会实践相结合。通过创造道德实践情境，鼓励大学生在学校、家庭和社会中积极寻求人际关系角色，引导他们通过亲身体验深刻理解人际关系对个人、家庭、学校和社会的重要性。高校应主动为大学生提供参与公益活动的机会，如"志愿者服务"等，鼓励大学生积极参与中华传统节日、历史人物纪念等活动，以增强他们对祖国和家乡的热爱，提升个人道德素养。同时，高校应倡导大学生在重要场合参与升国旗、唱国歌活动，组织入团、入党宣誓仪式，培养大学生的礼仪意识和文明行为。此外，通过建立社会实践和教学实践的激励机制，将大学生的社会实践表现作为选拔优秀学生、评定奖学金的重要参考。参与多样化的社会实践活动，能够帮助大学生理解良好人际关系带来的成功和不良人际关系造成的失败，从而在潜移默化中形成积极的人际关系理念，确保人际关系教育效果的有效性和持续性。

（六）加强教师思想道德修养

在大学生人际关系教育的体系中，高校教师占据着核心地位。他们不仅是学术知识的传授者，更是学生品德修养与人际交往能力培养的重要引导者。师生关系，作为教育过程中最为基础且关键的人际互动形式，对于塑造学生的全面发展具有深远的影响。为了构建和维护一种和谐、健康的师生关系，高校教师需持续提升自身的人格魅力、道德修养及专业素养。这些内在品质将在日常的教学与生活中，对学生产生潜移默化、深远持久的积极影响，成为学生成长道路上的重要指引。因此，高校教师应明确自身的教育职责，秉持"育人优于教书"的理念，持续提升自身素质，增强个人魅力。同时，要重视与学生的沟通，关注他们的心理和思想动态，做到关心、尊重、信任和支持学生。教师在与学生的互动中，应充分发挥学生的主观能动性，借助自己的专业知识和道德情操引导学生成长，成为他们身心健康发展的引路人，从而真正建立和谐的师生关系，使学生在"亲其师，信其道"的氛围中成长。

（七）优化家庭、社会环境

加强高校大学生人际关系教育，须优化大学生家庭和社会环境，以营造积极向上的社会氛围。步入大学阶段，大学生们面临全新的生活和挑战，此时父母的经验可能已无法完全满足他们的需求，大学生开始独立思考和解决问题。因此，重新调整家庭关系显得尤为重要。高校辅导员应与学生家长保持密切联系，及时反馈学生在校表现，使家长更好地理解孩子的成长情况。家长应意识到，化解与孩子之间的矛盾需要依靠自身的人格魅力，同时要以身作则，树立积极的榜样。与此同时，大学生也应尝试从家长的视角看待问题，定期与家长沟通，分享自己的学习、生活，以增进相互的理解和信任。此外，高校作为教育机构，在传授专业知识与技能的同时，亦需肩负起培养学生良好品德的重任。高校应坚定不移地倡导男女平等、尊老爱幼、家庭和睦及邻里团结等核心价值观，这些不仅是社会文明进步的重要标志，也是个人成长和成才不可或缺的基石。通过组织一系列正式而富有教育意义的活动，如专题讲座、学术研讨会及文化节等，引导学生深入理解并内化这些美德，形成正确的家庭观与价值观；鼓励大学生在家庭中扮演积极角色，通过实际行动，如分担家务、照顾家人及与邻里和睦相处等，促进家庭和谐，营造温馨的成长环境。

在现代社会中，公共生活的范围不断扩大，人与人之间的交往愈发频繁。社会公德作为基本的社会行为规范，对大学生的成长具有重要意义。因此，社会应积极推广文明礼貌、爱护公共财物、遵守法律法规、保护环境的社会公德，创造良好的公民道德氛围；要积极传播科学知识与先进文化，弘扬社会正能量，塑造良好的社会风尚，鼓励大学生追求真善美，抵制错误观念和不道德行为。同时，引导大学生树立健康的审美观念，涵养高雅的审美情趣，开展各种形式的公益活动，净化社会风气。此外，通过组织丰富多彩的体育活动，增强团队合作精神，促进社会团结，为大学生人际关系教育创造积极、健康的社会环境。

（八）加强自我教育

高校大学生在人际关系教育体系中，不仅是被动的接受者，更是积极的推动者。因此，大学生应当主动承担起自我教育的责任，以严谨、理性的态度不断提升自身的人际交往能力。首先，大学生应当自觉培养高尚的道德品质，包括尊重他人、乐于助人和真诚待人等。这些品质不仅是个人修养的体现，更是构建和谐人际关系的重要基石。通过提升道德素养，大学生能够实现内心需求与外在行为的和谐统一，塑造健全的人格特征。

其次，大学生应积极融入集体生活，注重培养良好的生活习惯和社交礼仪。大学生应从日常小事做起，关注细节，掌握人际交往的技巧与策略，在社交场合中得体地表现自己。此外，大学生应积极参与人际交往实践，学会尊重、关心和理解他人。在与同学相处时，应遵循诚实守信的原则，积极实践各种人际交往技巧和策略，以促进同学间的友好关系；增强与教师的沟通与交流，倡导建立基于尊重和平等的师生关系；在家庭中，应主动与父母沟通，体谅父母的辛劳和付出，努力构建和谐的家庭氛围。

参考文献

中文：

白雪妍. 大学生生态人格培育路径探究[J]. 产业与科技论坛，2023，22(13):193-194.

蔡路，卫薇. 生命教育视域下大学生挫折承受力的培养研究[J]. 湖北开放职业学院学报，2022，35(14):96-98.

陈璠. 中华优秀传统文化中的人格教育思想溯源[J]. 文化学刊，2021(9):154-156.

谌利，潘蕾. 思政视域下大学生生态人格培育研究综述[J]. 环境教育，2023(9):61-63.

程利娜. "00后"大学生宿舍人际关系影响因素研究——基于社会网络视角[J]. 高教学刊，2024，10(28):25-28，33.

迟莹莹. 汲取中华优秀传统文化智慧提升大学生人际交往能力[J]. 中华历史与传统文化论丛，2023(00):472-475.

董娟，胡欣婷，高英. 新时代高校网络生命教育实施路径研究[J]. 中国成人教育，2023(19):41-44.

杜琼，王业祥. 大学生心理危机的识别与干预模式探析[J]. 中国多媒体与网络教学学报(中旬刊)，2022(5):217-220.

杜茹，纪明. 马克思主义自然观视域下的生命共同体[J]. 东北师大学报：哲学社会科学版，2021(1):7.

顾瑜琦，孙宏伟. 心理危机干预[M]. 北京：人民卫生出版社，2013.

郭玉婷，闫世笙. 大学生理想人格塑造探究[J]. 西部素质教育，2023，9(5):71-74.

胡凯，等. 大学生心理健康理论与方法[M]. 北京：人民出版社，2010.

黄希庭. 人格心理学[M]. 杭州：浙江教育出版社，2002.

贾玉杰. 新时代大学生人际交往问题的心理分析及自我调适[J]. 甘肃教育研究，2024(12):42-45.

江光荣，赵春晓，韦辉，等. 心理健康素养：内涵、测量与新概念框架[J]. 心理科学，2020，43(1):232-238.

雷祖军."生命至上"视域下新时代大学生生命价值观教育策略探析[J].湖北开放职业学院学报，2024，37(14):49-52.

李愧敏，高雪桐，王宇中.大学生主观幸福感、心理韧性与人际关系困扰的关系[J].上饶师范学院学报，2023，43(6):57-65.

梁黛婧.大数据驱动的大学生心理危机干预"校—家—社"协同机制研究[J].教育观察，2023，12(32):7-10.

刘方方.新时代高职学生宿舍人际关系的现状及对策[J].辽宁高职学报，2024，26(3):85-89.

刘峻源，杨影.新时代大学生心理健康现状及对策[J].吉林省教育学院学报，2023，39(12):23-27.

柳静，王铭，孙启武，等.我国大学生心理咨询与危机干预的管理现状调查[J].中国临床心理学杂志，2022，30(2):477-482.

柳焱，周芝萍.家庭环境对大学生心理健康的影响及对策研究[J].职业教育，2024，23(16):72-74，80.

陆可心，姚玉红，高健峰.大学生生命教育：生命层次观与课程内容建构[J].教育探索，2024(8):58-62.

罗金焕.社会支持对大学生人际关系敏感和抑郁的影响研究——以云南省8所高校为例[J].教育观察，2023，12(11):5-8.

孟旭，涂佳婕.家庭因素对大学生人际困扰的影响研究[J].高教论坛，2024(8):96-99.

孟泽龙，雷秀雅.高校开展生命教育的路径研究——以"大学生心理健康"课程为载体[J].中国林业教育，2024，42(4):7-11.

明志君，陈祉妍.心理健康素养：概念、评估、干预与作用[J].心理科学进展，2020，28(1):1-12.

沈承春.大学生心理危机干预的实践与探索[J].产业与科技论坛，2022，21(14):269-270.

孙传娣.新时期高校学生心理危机干预路径及策略[J].数据，2022(9):86-88.

孙国胜，薛春艳.生命教育视野下的大学生心理健康教育[J].学校党建与思想教育，2020(21):71-72.

唐青，李佑新.高校科研育人的价值机理与完善路径[J].大学教育科学，2022(4):85-92，127.

佟佳春.立德树人视域下大学生健康人格培育研究[D].锦州：辽宁工业大学，2021.

王富贤. 大学生心理健康状况调查及应对策略[J]. 黑龙江科学，2023，14(19):97-99.

王元，韩萌萌. 大学生心理危机干预体系策略研究[J]. 湖北开放职业学院学报，2023，36(19):51-53.

吴亚子，袁丽丽. 大学生心理健康教育课程体系建设的理论探索[J]. 高教学刊，2024，10(28):105-108.

向继友，甄飞扬. 大学生生命教育路径创新略探[J]. 学校党建与思想教育，2021(13):89-90.

肖川. 生命教育：朝向幸福的努力[J]. 教师博览(中旬刊)，2019(5):49-50.

徐达，陈豫岚. 高校生命教育的内涵、价值与实施路径[J]. 黑龙江教师发展学院学报，2023，42(11):15-18.

薛莲. 大学生生命教育现状调查及对策研究[J]. 能源技术与管理，2024，49(4):217-220.

杨猛，吴林龙. 民族复兴视域下时代新人培育的理性探寻[J]. 学校党建与思想教育，2021(15):72-74.

姚玉红，高健峰，陆可心，等. 高校心理健康教育助力提升生命教育实效性[J]. 心理学通讯，2022，5(3):230-234.

张劲. 人类命运共同体视域下大学生的价值观培育[J]. 重庆科技学院学报(社会科学版)，2022(3):87-93.

张利萍，李彬，刘倩. 当代大学生心理健康素养特点及影响因素分析[J]. 高教学刊，2024，10(20):115-118.

张瑞红. 高校大学生常见心理问题与健康教育探讨[J]. 中国学校卫生，2022，43(10): 1603-1604.

张翔宇，赵振杨. 当代大学生心理健康与校园文化建设探究[J]. 公关世界，2022(21):116-117.

张欣，孙景芬，宝景春. 高校辅导员心理危机干预能力现状调查分析[J]. 中国医科大学学报，2024，53(3):263-265，275.

张欣怡，罗增让. 孤独感在大学生人际压力与生活满意度关系中的中介作用[J]. 西北民族大学学报(自然科学版)，2022，43(4):77-81.

张正垠. 积极心理学视角下高校大学生心理健康问题探究[J]. 苏州科技大学学报(社会科学版)，2023，40(6):101-106.

赵亮. 浅论大学生人际关系困境及其对心理健康的影响[J]. 湖北招生考试，2024(3): 49-52.

周惠玉，刘晓明. 社会主义核心价值观引领新时代大学生健全人格的发展与培育

研究 [J]. 思想政治教育研究，2022，38(2):29-34.

周玉洁. 辅导员视角下"00 后"大学生人际交往问题探究 [J]. 秦智，2023(8):102-104.

周蕴智. 三全育人视域下大学生家校协同心理危机干预工作的困境与对策 [J]. 公关世界，2024(5):81-83.

英文：

AUERBACH R P，MORTIER P，BRUFFAERTS R，et al. WHO World Mental Health Surveys International College Student Project: Prevalence and Distribution of Mental Disorders[J]. Journal of Abnorm Psychology，2018，127(7):623-638.

BAIK S Y，SHIN K E，FITZSIMMONS-CRAFT E E，et al. The Relationship of Race，Ethnicity，Gender Identity，Sex Assigned at Birth，Sexual Orientation，Parental Education，Financial Hardship and Comorbid Mental Disorders with Quality of Life in College Students with Anxiety，Depression or Eating Disorders[J]. Journal of Affect Disorders，2024，366:335-344.

BRUFFAERTS R，MORTIER P，KIEKENS G，et al. Mental Health Problems in College Freshmen: Prevalence and Academic Functioning[J]. Journal of Affective Disorders，2018，225:97-103.

CALERO V D，FELIPE-CASTAÑO E，LEÓN B. Emotional Processing and Personality as Predictors of Obsessive-compulsive Symptoms in College Students[J]. The Spanish Journal of Psychology，2019，22:E32.

CAMPBELL F，BLANK L，CANTRELL A，et al. Factors that Influence Mental Health of University and College Students in the UK: A Systematic Review[J]. BMC Public Health，2022，22(1):1778.

CAO D H，ZHENG L K. Roles of Survival Situation and Personality Temperament in the Relationship between Life Stress and Depression of Higher Vocational College Students[J]. BMC Psychology，2023，11(1):172.

CIMSIR E. The Roles of Dispositional Rumination，Inferiority Feelings and Gender in Interpersonal Rumination Experiences of College Students[J]. The Journal of General Psychology，2019，146(3):217-233.

COIRO M J，BETTIS A H，COMPAS B E. College Students Coping with Interpersonal Stress: Examining a Control-Based Model of Coping[J]. Journal of American College Health，2017，65(3):177-186.

GARRIOTT P O，HUDYMA A，KEENE C，et al. Social Cognitive Predictors of First- and non-first-generation College Students' Academic and Life Satisfaction[J]. Journal of Counseling Psychology. 2015，62(2):253-263.

HAGLER M A. Mentoring First-generation College Students: Examining Distinct Relationship Profiles Based on Interpersonal Characteristics，Support Provision，and Educational Capital[J]. Journal of Community Psychology，2023，51(8):3103-3120.

HE X H. Relationship between Self-Esteem，Interpersonal Trust，and Social Anxiety of College Students[J]. Occupational Therapy International，2022，2022:8088754.

HENSEL D J. Digital Interventions to Improve College and University Student Mental Health[J]. Journal of Adolesc Health，2022，71(2):141-142.

HUI B P H，AU A K Y，NG J C K，et al. From Social Networking Site Use to Subjective Well-Being: The Interpersonal and Intrapersonal Mediating Pathways of Prosocial Behavior among Vocational College Students in China[J]. International Journal of Environmental Research and Public Health，2022，20(1):100.

LATTIE E G，ADKINS E C，WINQUIST N，et al. Digital Mental Health Interventions for Depression，Anxiety，and Enhancement of Psychological Well-Being Among College Students: Systematic Review[J]. Journal of Medical Internet Research，2019，21(7):e12869.

LIPSON S K，ZHOU S，ABELSON S，et al. Trends in College Student Mental Health and Help-Seeking by Race/Ethnicity: Findings from the National Healthy Minds Study，2013—2021[J]. Journal of Affective Disorders，2022，306:138-147.

LU X Y，YAO J Y. The Influence of Internet Interpersonal Communication to Relationship and Loneliness of College Students[C]//Proceeding of International Conference on Web Information Systems and Mining. October 23-24, 2010, Sanya China. Piscataway, NJ: IEEE, 2010:386-390.

MOORE A A，OVERSTREET C，KENDLER K S，et al. Potentially Traumatic Events，Personality，and Risky Sexual Behavior in Undergraduate College Students[J]. Psychological Trauma，2017，9(1):105-112.

MUNRO-KRAMER M L，SKIDMORE L M，CANNON L M，et al. The Dynamics of Interpersonal Relationships: Understanding Power and Control Tactics Among College Students[J]. Journal of Interpersonal Violence，2022，37(21/22): NP19522-NP19548.

NORMAN P，CAMERON D，EPTON T，et al. A Randomized Controlled Trial of a Brief Online Intervention to Reduce Alcohol Consumption in New University Students: Combining Self-Affirmation，Theory of Planned Behaviour Messages，and Implementation Intentions[J]. British Journal of Health Psychology，2018，23(1):108-

127.

PANT N，SRIVASTAVA S K. The Impact of Spiritual Intelligence，Gender and Educational Background on Mental Health Among College Students[J]. Journal of Religion and Health，2019，58(1):87-108.

PEARSON M R，HUSTAD J T P，NEIGHBORS C，et al. Personality，Marijuana Norms，and Marijuana Outcomes among College Students[J]. Addictive Behaviors，2018，76:291-297.

POWERS J T，COOK J E，PURDIE-VAUGHNS V，et al. Changing Environments by Changing Individuals: The Emergent Effects of Psychological Intervention[J]. Psychological Science，2016，27(2):150-160.

SANZ DE ACEDO BAQUEDANO M T，SANZ DE ACEDO LIZARRAGA M L. A Correlational and Predictive Study of Creativity and Personality of College Students[J]. The Spanish Journal of Psychology, 2012，15(3):1081-1088.

SKOGLUND T H，RISAN P，MILNE R. Personality and Hardiness Differences between Norwegian Police and Psychology Students[J]. Scandinavion Journal of Psychology，2023，64(2):230-237.

WANG B B. Exploration of the Path of Innovation and Entrepreneurship Education for College Students from the Perspective of Mental Health Education[J]. Journal of Healthcare Engineering，2022，2022:2659160.

WANG P Y，LIN P H，LIN C Y，et al. Does Interpersonal Interaction Really Improve Emotion，Sleep Quality，and Self-Efficacy among Junior College Students? [J]. International Journal of Environmental Research and Public Health，2020，17(12):4542.

WU S F，ADAMS K. Intervention Effect of Cognitive Behaviour Therapy under Suicidology on Psychological Stress and Emotional Depression of College Students[J]. Work，2021，69(2):697-709.

ZHENG C L，JI H H. Analysis of the Intervention Effect and Self-Satisfaction of Sports Dance Exercise on the Psychological Stress of College Students[J]. Work，2021，69(2):637-649.

附录　常见心理测评量表

附录一：症状自评量表（SCL-90）

1.量表内容

指导语：以下列出了有些人可能会有的问题，请仔细地阅读每一条，然后根据最近一星期以内下述情况影响您的实际感觉，在每个问题后标明该题的程度得分。其中，"没有"选1，"很轻"选2，"中等"选3，"偏重"选4，"严重"选5。

序号	项目	没有	很轻	中等	偏重	严重
1	头痛	1	2	3	4	5
2	神经过敏，感到不踏实	1	2	3	4	5
3	头脑中有不必要的想法或字句盘旋	1	2	3	4	5
4	头晕或晕倒	1	2	3	4	5
5	对异性的兴趣减退	1	2	3	4	5
6	对旁人责备求全	1	2	3	4	5
7	感到别人能控制你的思想	1	2	3	4	5
8	责怪别人制造麻烦	1	2	3	4	5
9	忘记性大	1	2	3	4	5
10	担心自己的衣饰整齐及仪表的端正	1	2	3	4	5
11	容易烦恼和激动	1	2	3	4	5
12	胸痛	1	2	3	4	5
13	害怕空旷的场所或街道	1	2	3	4	5

续表

序号	项目	没有	很轻	中等	偏重	严重
14	感到自己的精力下降，活动减慢	1	2	3	4	5
15	想结束自己的生命	1	2	3	4	5
16	听到旁人听不到的声音	1	2	3	4	5
17	发抖	1	2	3	4	5
18	感到大多数人都不可信任	1	2	3	4	5
19	胃口不好	1	2	3	4	5
20	容易哭泣	1	2	3	4	5
21	同异性相处时感到害羞、不自在	1	2	3	4	5
22	感到受骗，中了圈套或有人想抓住您	1	2	3	4	5
23	无缘无故地突然感到害怕	1	2	3	4	5
24	自己不能控制地大发脾气	1	2	3	4	5
25	怕单独出门	1	2	3	4	5
26	经常责怪自己	1	2	3	4	5
27	腰痛	1	2	3	4	5
28	感到难以完成任务	1	2	3	4	5
29	感到孤独	1	2	3	4	5
30	感到苦闷	1	2	3	4	5
31	过分担忧	1	2	3	4	5
32	对事物不感兴趣	1	2	3	4	5
33	感到害怕	1	2	3	4	5
34	您的感情容易受到伤害	1	2	3	4	5
35	旁人能知道您的私下想法	1	2	3	4	5
36	感到别人不理解您、不同情您	1	2	3	4	5
37	感到人们对您不友好，不喜欢您	1	2	3	4	5

序号	项目	没有	很轻	中等	偏重	严重
38	做事必须做得很慢以保证做得正确	1	2	3	4	5
39	心跳得很厉害	1	2	3	4	5
40	恶心或胃部不舒服	1	2	3	4	5
41	感到比不上他人	1	2	3	4	5
42	肌肉酸痛	1	2	3	4	5
43	感到有人在监视您、谈论您	1	2	3	4	5
44	难以入睡	1	2	3	4	5
45	做事必须反复检查	1	2	3	4	5
46	难以做出决定	1	2	3	4	5
47	怕乘电车、公共汽车、地铁或火车	1	2	3	4	5
48	呼吸有困难	1	2	3	4	5
49	一阵阵发冷或发热	1	2	3	4	5
50	因为感到害怕而避开某些东西、场合或活动	1	2	3	4	5
51	脑子变空了	1	2	3	4	5
52	身体发麻或刺痛	1	2	3	4	5
53	喉咙有梗塞感	1	2	3	4	5
54	感到前途没有希望	1	2	3	4	5
55	不能集中注意力	1	2	3	4	5
56	感到身体的某一部分软弱无力	1	2	3	4	5
57	感到紧张或容易紧张	1	2	3	4	5
58	感到手或脚发重	1	2	3	4	5
59	想到有关死亡的事	1	2	3	4	5
60	吃得太多	1	2	3	4	5
61	当别人看着您或谈论您时感到不自在	1	2	3	4	5

续表

序号	项目	没有	很轻	中等	偏重	严重
62	有一些不属于您自己的想法	1	2	3	4	5
63	有想打人或伤害他人的冲动	1	2	3	4	5
64	醒得太早	1	2	3	4	5
65	必须反复洗手、点数目或触摸某些东西	1	2	3	4	5
66	睡得不稳不深	1	2	3	4	5
67	有想摔坏或破坏东西的冲动	1	2	3	4	5
68	有一些别人没有的想法或念头	1	2	3	4	5
69	感到对别人神经过敏	1	2	3	4	5
70	在商店或电影院等人多的地方感到不自在	1	2	3	4	5
71	感到任何事情都很困难	1	2	3	4	5
72	一阵阵恐惧或惊恐	1	2	3	4	5
73	感到在公共场合吃东西很不舒服	1	2	3	4	5
74	经常与人争论	1	2	3	4	5
75	单独一人时神经很紧张	1	2	3	4	5
76	别人对您的成绩没有做出恰当的评价	1	2	3	4	5
77	即使和别人在一起也感到孤单	1	2	3	4	5
78	感到坐立不安、心神不定	1	2	3	4	5
79	感到自己没有什么价值	1	2	3	4	5
80	感到熟悉的东西变成陌生或不像是真的	1	2	3	4	5
81	大叫或摔东西	1	2	3	4	5
82	害怕会在公共场合昏倒	1	2	3	4	5
83	感到别人想占您的便宜	1	2	3	4	5
84	为一些有关"性"的想法而很苦恼	1	2	3	4	5
85	您认为应该因为自己的过错而受到惩罚	1	2	3	4	5

序号	项目	没有	很轻	中等	偏重	严重
86	感到要很快把事情做完	1	2	3	4	5
87	感到自己的身体有严重问题	1	2	3	4	5
88	从未感到和其他人很亲近	1	2	3	4	5
89	感到自己有罪	1	2	3	4	5
90	感到自己的脑子有毛病	1	2	3	4	5

2.计分方法

（1）因子分：各因子所包含项目得分总和÷该因子项目数。例如，躯体化因子有12个项目，若这12个项目得分总和为30分，则躯体化因子分＝30÷12＝2.5分。

（2）总均分：90个项目得分总和÷90。假设90个项目总分为200分，总均分＝200÷90≈2.22分。

（3）阳性项目数：单项≥2的项目数量。

（4）阳性症状均分：（总分－阴性项目总分）÷阳性项目数。

3.常模与结果解释

根据全国常模，总分超过160分，或阳性项目数超过43项，或任一因子分超过2分，需考虑筛选阳性，建议进一步检查。各因子得分越高，代表该方面心理症状越明显，如躯体化因子分高，表明身体不适感突出。

附录二：抑郁自评量表（SDS）

1.量表内容

指导语：请根据您最近一星期的实际情况，选择最适合的答案（1 ＝ 没有或很少时间；2 ＝ 小部分时间；3 ＝ 相当多时间；4 ＝ 绝大部分或全部时间）。

序号	项目描述	选项（请勾选对应数字）
1	我感到情绪沮丧，郁闷。	1□ 2□ 3□ 4□
2	我感到早晨心情最好。	4□ 3□ 2□ 1□
3	我要哭或想哭。	1□ 2□ 3□ 4□
4	我夜间睡眠不好。	1□ 2□ 3□ 4□
5	我吃饭像平时一样多。	4□ 3□ 2□ 1□
6	我的性功能正常。	4□ 3□ 2□ 1□
7	我感到体重减轻。	1□ 2□ 3□ 4□
8	我为便秘烦恼。	1□ 2□ 3□ 4□
9	我的心跳比平时快。	1□ 2□ 3□ 4□
10	我无故感到疲劳。	1□ 2□ 3□ 4□
11	我的头脑像往常一样清楚。	4□ 3□ 2□ 1□
12	我做事情像平时一样不感到困难。	4□ 3□ 2□ 1□
13	我坐卧不安，难以保持平静。	1□ 2□ 3□ 4□
14	我对未来感到有希望。	4□ 3□ 2□ 1□
15	我比平时更容易激怒。	1□ 2□ 3□ 4□
16	我觉得决定什么事很容易。	4□ 3□ 2□ 1□
17	我感到自己是有用的和不可缺少的人。	4□ 3□ 2□ 1□
18	我的生活很有意义。	4□ 3□ 2□ 1□
19	假若我死了别人会过得更好。	1□ 2□ 3□ 4□
20	我仍旧喜爱自己平时喜爱的东西。	4□ 3□ 2□ 1□

2.计分方法

（1）总粗分：20 个项目得分相加。

（2）标准分：总粗分×1.25 后取整数部分。如总粗分是 40 分，标准分＝40×1.25＝50 分（取整数）。

3.常模与结果解释

以中国常模为依据，SDS 标准分的分界值为 50 分。50～59 分为轻度抑郁，60～69 分为中度抑郁，≥70 分为重度抑郁。

附录三：焦虑自评量表（SAS）

1.量表内容

指导语：请根据您最近一星期的实际情况，选择最适合的答案（1 = 没有或很少时间；2 = 小部分时间；3 = 相当多时间；4 = 绝大部分或全部时间）。

序号	项目描述	选项（请勾选对应数字）
1	我感到比往常更加神经过敏和焦虑。	1□ 2□ 3□ 4□
2	我无缘无故感到担心。	1□ 2□ 3□ 4□
3	我容易心烦意乱或感到恐慌。	1□ 2□ 3□ 4□
4	我感到我的身体好像被分成几块，支离破碎。	1□ 2□ 3□ 4□
5	我感到事事都很顺利，不会有倒霉的事情发生。	4□ 3□ 2□ 1□
6	我的四肢抖动和震颤。	1□ 2□ 3□ 4□
7	我因头痛、颈痛、背痛而烦恼。	1□ 2□ 3□ 4□
8	我感到无力且容易疲劳。	1□ 2□ 3□ 4□
9	我感到很平静，能安静坐下来。	4□ 3□ 2□ 1□
10	我感到我的心跳较快。	1□ 2□ 3□ 4□
11	我因阵阵的眩晕而不舒服。	1□ 2□ 3□ 4□
12	我有阵阵要昏倒的感觉。	1□ 2□ 3□ 4□
13	我呼吸时进气和出气都不费力。	4□ 3□ 2□ 1□
14	我的手指和脚趾感到麻木和刺痛。	1□ 2□ 3□ 4□
15	我因胃痛和消化不良而苦恼。	1□ 2□ 3□ 4□
16	我必须时常排尿。	1□ 2□ 3□ 4□
17	我的手总是很温暖而干燥。	4□ 3□ 2□ 1□
18	我觉得脸发烧发红。	1□ 2□ 3□ 4□
19	我容易入睡，晚上休息很好。	4□ 3□ 2□ 1□
20	我做恶梦。	1□ 2□ 3□ 4□

2.计分方法

（1）总粗分：20个项目得分相加。

（2）标准分：总粗分×1.25后取整数部分。

3.常模与结果解释

以中国常模为依据，SAS标准分的分界值为50分。50～59分为轻度焦虑，60～69分为中度焦虑，≥70分为重度焦虑。

附录四：艾森克人格问卷（EPQ）（成人版）

1. 量表内容

指导语：本问卷共有 88 个问题，请根据自己的实际情况作"是"或"否"的回答。这些问题要求你按自己的实际情况回答，不要去猜测怎样才是正确的回答。将问题的意思看懂了就快速回答，不要花很多时间去思考。每个问题都要回答。问卷无时间限制，但不要拖延太长，也不要未看懂问题便回答。

序号	项目	是	否
1	你是否有广泛的爱好？		
2	在做任何事情之前，你是否都要考虑一番？		
3	你的情绪时常波动吗？		
4	人家做了好事，而别人以为是你做的，你会洋洋得意吗？		
5	你很健谈吗？		
6	你会无缘无故觉得自己可怜吗？		
7	你曾有贪心想让自己多得一份物质利益吗？		
8	晚上临睡前你是否会小心地把门锁好？		
9	你认为自己活泼吗？		
10	看到小孩子或小动物受到了伤害，你会难过吗？		
11	你是否经常担心自己会说不该说的话、做不该做的事？		
12	若你说过要做某件事，是否不管遇到什么困难都要把它做成？		
13	在愉快的聚会中，你通常都会尽兴吗？		
14	你是一位很容易被激怒的人吗？		
15	你是否有时自己做错了事反倒去责怪别人？		
16	你喜欢去会见陌生人吗？		
17	你认为储蓄是一种好办法吗？		
18	你的感情是否很容易受到伤害？		
19	你想服用有奇特效果或有危险性的药品吗？		

序号	项目	是	否
20	你是否常感到"极其厌烦"？		
21	你曾多得多占别人的东西（即使是一针一线）吗？		
22	如果条件允许，你喜欢时常外出（旅行）吗？		
23	对你所喜欢的人，你会开过头的玩笑吗？		
24	你时常有犯罪感吗？		
25	你会谈论你一无所知的事吗？		
26	你是否宁愿有时间多看些书，也不愿意去会见别人？		
27	有坏人要害你吗？		
28	你认为自己神经过敏吗？		
29	你的朋友多吗？		
30	你是个忧虑重重的人吗？		
31	你在儿童时代是否很听大人的话？		
32	你是个无忧无虑、逍遥自在的人吗？		
33	有礼貌、爱整洁对你很重要吗？		
34	你是否担心将要发生可怕的事情？		
35	在结识新朋友时，通常是你主动的吗？		
36	你觉得自己是个非常敏感的人吗？		
37	和别人在一起的时候，你是否不常说话？		
38	你是否认为结婚是个框框，应该废除？		
39	你有时会自吹自擂吗？		
40	在一个沉闷的场合，你能给大家添点生气吗？		
41	慢腾腾开车的司机是否会令你讨厌？		
42	你宁愿读些散文或小说，也不愿意看电影或看电视吗？		
43	你有许多不同的业余爱好吗？		

续表

序号	项目	是	否
44	你的日常生活中充满了使你感兴趣的事情吗？		
45	你做事情的时候是否常常犹豫不决？		
46	你曾有过不如死了为好的愿望吗？		
47	当你与别人的意见不一致时，你是否会把自己的意见讲出来？		
48	你是否时常感到责任太重，似乎无法承受？		
49	你是否喜欢与朋友在一起，聊些无关紧要的事情？		
50	当你遇到挫折时，是否很容易发脾气？		
51	你是否善于交际？		
52	你有过小偷小摸的行为吗？		
53	你是否很容易感到厌烦？		
54	你是否喜欢从事一些动作迅速的工作？		
55	你的母亲是一位善良的妇人吗？		
56	你是否常常觉得人生非常无味？		
57	你曾利用过某人为自己取得好处吗？		
58	你是否常常参加许多活动，超过你的时间所允许？		
59	是否有几个人总在躲避你？		
60	你是否为你的容貌而非常烦恼？		
61	你是否觉得人们为了未来有保障而办理储蓄和保险所花的时间太多？		
62	你能使一个集会顺利进行吗？		
63	你能克制自己不对别人无礼吗？		
64	遇到一次难堪的经历后，你是否在一段很长的时间内还感到难受？		
65	你患有"神经过敏"吗？		
66	你曾经故意说些什么来伤害别人的感情吗？		

序号	项目	是	否
67	你与别人的友谊是否容易破裂，虽然不是你的过错？		
68	你常感到孤单吗？		
69	当人家寻你的差错，找你工作中的缺点时，你是否容易在精神上受挫伤？		
70	你赴约会或上班曾迟到过吗？		
71	你喜欢忙忙碌碌地过日子吗？		
72	你愿意别人怕你吗？		
73	你是否觉得有时浑身是劲，而有时又是懒洋洋的吗？		
74	你有时把今天应做的事拖到明天去做吗？		
75	别人认为你是生机勃勃吗？		
76	别人是否对你说了许多谎话？		
77	你是否对某些事物容易冒火？		
78	当你犯了错误时，你是否常常愿意承认它？		
79	你会为一动物落入圈套被捉拿而感到很难过吗？		
80	你是否在做任何事情之前都要停下来仔细思考？		
81	你是否常常有一些怪念头？		
82	当你外出游览时，是否愿意参观一个地方，而不愿意到处闲逛？		
83	你是否容易激动？		
84	你是否会为一些小事而常常烦恼？		
85	你是否喜欢与人辩论？		
86	你是否觉得人们不太喜欢你？		
87	你是否喜欢批评别人？		
88	你是否觉得有许多事情等着你去做？		

2.计分方法

每道题的记分方法如下，回答"是"记1分，回答"否"记0分。先计算各维度粗分，再根据公式$t=50+10\times(x-m)/sd$，将粗分换算成标准分t分（x为受测者在某维度的粗分，m为该维度常模均值，sd为常模标准差）。

3.常模与结果解释

各量表t分在43.3～56.7分之间为中间型；t分在38.5～43.3分或56.7～61.5分之间为倾向型；t分在38.5分以下或61.5分以上为典型型。例如，外向性（E）维度t分若为65分，则为典型外向型。

附录五：大五人格量表（NEO-PI-R）（部分项目示例）

1. 量表内容

指导语：请您根据自己的实际情况，判断每个描述与您的符合程度。答案没有对错之分，您的回答将有助于我们了解您的人格特点。请尽量快速作答，不要过多思考。

维度	项目示例	评分标准
开放性（O）	"我对新的艺术形式、音乐和思想感兴趣""我喜欢尝试新的食物"等。	1 = 非常不同意；2 = 不同意；3 = 既不同意也不反对；4 = 同意；5 = 非常同意
责任心（C）	"我做事有始有终""我会提前规划好自己的工作和生活"等。	1 = 非常不同意；2 = 不同意；3 = 既不同意也不反对；4 = 同意；5 = 非常同意
外倾性（E）	"我喜欢成为众人关注的焦点""我在社交场合总是很活跃"等。	1 = 非常不同意；2 = 不同意；3 = 既不同意也不反对；4 = 同意；5 = 非常同意
宜人性（A）	"我很容易原谅别人的错误""我喜欢帮助别人"等。	1 = 非常不同意；2 = 不同意；3 = 既不同意也不反对；4 = 同意；5 = 非常同意
神经质（N）	"我经常担心一些事情""我很容易感到沮丧"等。	1 = 非常不同意；2 = 不同意；3 = 既不同意也不反对；4 = 同意；5 = 非常同意

2. 计分方法

各维度下项目得分相加得出维度粗分，不同研究可能有不同的进一步转换方式以得到更具分析价值的分数，常见的是将粗分与常模对比，分析个体在各维度上的相对位置。

3. 常模与结果解释

通常将个体在各维度得分与常模比较，高分和低分代表不同人格特点。如开放性维度得分高，表明个体对新事物接受度高、富有想象力；责任心维度得分低，可能意味着个体做事较缺乏条理、自律性不足。